建筑安装工程施工工长口袋书

混凝土工长

陈长华　孙　强　主编

中国建筑工业出版社

图书在版编目（CIP）数据

混凝土工长/陈长华，孙强主编．—北京：中国建筑工业出版社，2008

（建筑安装工程施工工长口袋书）

ISBN 978-7-112-09960-3

Ⅰ．混…　Ⅱ．①陈…②孙…　Ⅲ．混凝土施工-基本知识　Ⅳ．TU755

中国版本图书馆 CIP 数据核字（2008）第 103151 号

建筑安装工程施工工长口袋书

混凝土工长

陈长华　孙　强　主编

*

中国建筑工业出版社出版、发行（北京西郊百万庄）

各地新华书店、建筑书店经销

北京嘉泰利德公司制版

北京市彩桥印刷有限责任公司印刷

*

开本：787×960 毫米　1/32　印张：7⅞　字数：192 千字

2008 年 10 月第一版　　2008 年 10 月第一次印刷

印数：1—3000 册　　定价：**19.00** 元

ISBN 978-7-112-09960-3

（16763）

本书是建筑安装工程施工工长口袋书9个分册中的1本。本分册主要介绍的是混凝土工长应掌握的技术知识与必备的资料。内容包括建筑识图，混凝土组成材料，施工机具，混凝土施工工艺，施工管理，工程量计算，附录。

本分册适合从事建筑安装工程施工的工长、技术人员使用，也可供相关专业人员和建筑工人阅读、参考。

* * *

责任编辑：武晓涛
责任设计：董建平
责任校对：梁珊珊　王　爽

建筑安装工程施工工长口袋书

《混凝土工长》编写组

组织编写单位：北京建工集团培训中心

主　　编：陈长华　孙　强

参编人员（按姓氏笔画）：

王金富　王玲莉　陆　岑

钟为德　侯君伟

前　言

本套系列图书是应广大建筑安装施工现场技术人员之需而编。共分9册，分别是模板工长、钢筋工长、混凝土工长、架子工长、装饰工长、防水工长、砌筑工长、水暖工长、电气工长，这9个分册基本涵盖了建筑安装施工现场主要的技术工种，均由北京建工集团培训中心组织编写。之所以叫口袋书，除了在装帧形式上采用如此小的开本方便技术人员在现场携带外，在内容的选取上也是力求简练实用，多数为现场人员必须掌握的技术知识和必备资料。编者希望这样的编写方式能对现场人员的工作带来真切的帮助。

本套系列图书在编写过程中参考了大量的有关参考文献，得到了许多同志的帮助，在此虽未一一列出，编者却由衷地表示感谢。限于编者的水平，书中若有不当或错误之处，热忱盼望广大读者指正，编者将不胜感激。

目　录

1 建筑识图

1.1 识图的基本方法

1.1.1 建筑工程施工图的组成

（1）图纸目录和设计总说明

图纸目录包括全套图纸中每张图纸的名称、内容、图号等。设计总说明包括工程概况、建筑标准、载荷等级等。如果是地震区，还应有抗震要求以及重要施工技术和材料要求等。

（2）建筑总平面图

主要用来表示新建房屋与周围总体情况，它是进行施工现场平面布置及新建房屋与其他相关设施定位、放线的依据。

（3）建筑施工图

一般包括建筑设计说明、门窗表、各层建筑平面图、各朝向建筑立面图、剖面图和各种详图（楼梯、墙身、门窗等）。建筑施工图简称“建施”，在图样图别栏中以“建施××号图”表示，主要反映建筑物的内部布局、外形轮廓、建筑构造和尺寸大小等。

（4）结构施工图

通常由结构设计说明、结构布置平面图（基础、楼面和屋顶结构图）、结构构件（梁、板、柱、楼梯等）详图组成。结构施工图简称“结施”，在图样图别栏内用“结施××号图”表示，主要反映承重构件的布置情况、构件类型、材料质量、尺寸大小及制作安装方法等。

（5）设备施工图

包括给水排水施工图、采暖通风施工图、电气施工图等。设备施工图简称“设施”，主要反映建筑物中给水排水、供暖、供气以及强、弱电等线路的布置情况与设备安装要求等。

1.1.2 建筑工程施工图的编排顺序

对于一项建筑工程来讲，其所需的全套施工图的编排顺序是：图纸目录、设计总说明、总平面图、建施、结施、水施、暖施、电施。各专业施工图的编排顺序是全局性的在前，局部性的在后；先施工的在前，后施工的在后；重要的在前，次要的在后。

1.1.3 识图的基本方法

（1）通过阅读总平面图和设计总说明，可以了解施工现场场地的地形地貌、建筑概况以及技术要求等。

（2）建筑施工图。一般先看建筑平面图，从中可以了解建筑纵横轴线及其编号和尺寸、建筑物各层平面布置情况、建筑中各组成部分的标高、门窗的位置及编号、楼梯以及其他附属设施的布置情况等。再看建筑立面图，可以了解建筑物外部形状、各主要部位的相对高度、建筑物外墙的装饰等。再看建筑剖面图，从中可以了解建筑物的内部构造和结构形式。最后看各部分的建筑详图。从建筑外墙详图中可以了解到地面、楼面、屋面与墙体的构造层次及做法；同时也可以看出楼梯、圈梁、过梁、窗台位置与墙身关系，墙身各部位的细部装修及防水防潮做法。从楼梯详图可以了解楼梯类型、结构形式、各部位尺寸及踏步、栏杆等装饰做法。从门窗详图中，可以了解门窗的外形尺寸、开启方式、方向及构造用料等情况。

（3）结构施工图。从基础结构图中，可以首先了解到基础与定位轴线的平面位置和相互关系，基础中的垫层、墙、柱、基础梁的平面布置形状和尺寸，以及基础的材料、配筋、埋深和尺寸等情况。再从楼层结构平面图中，可以了解板、梁、柱平面布置、编号及截面尺寸和现浇板的配筋情况。在钢筋混凝土构件详图中，可以了解柱、梁、板和楼梯等构件的配筋制作情况。

（4）在识图时，还应将建筑与结构施工图结合起来阅读，这样才能认识建筑与结构施工图之间的衔接与联系，加深对图纸内容的理解，做到按图施工，减少差错。

1.2 图例和代号

1.2.1 常用建筑构造及配件图例

见表1-2-1。

构造及配件图例（摘自 GB/T 50104—2001）

表1-2-1

序号	名称	图例	说明
1	墙体		应加注文字或填充图例，表示墙体材料，在项目设计图纸说明中列材料图例表给予说明
2	隔断		1. 包括板条抹灰、木制、石膏板、金属材料等隔断； 2. 适用于到顶与不到顶隔断
3	栏杆		

续表

序号	名称	图例	说明
4	楼梯	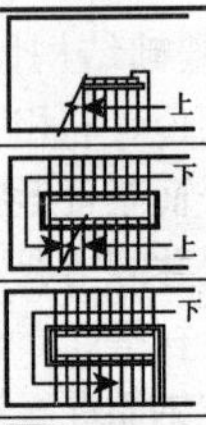 上 下 上 下	1. 上图为底层楼梯平面，中图为中间层楼梯平面，下图为顶层楼梯平面； 2. 楼梯的形式及步数应按实际情况绘制
5	坡道	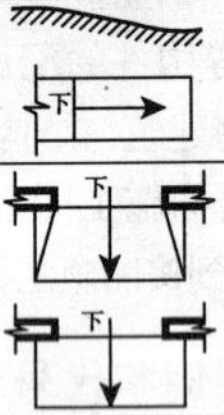 下 下 下	上图为长坡道，下图为门口坡道
6	平面高差	××	适用于高差小于100mm的两个地面或楼面相接处
7	检查孔		左图为可见检查孔；右图为不可见检查孔
8	孔洞		阴影部分可以涂色代替
9	坑槽		
10	墙上留洞	 宽×高或直径 底（顶或中心）高××，××	1. 以洞中心或洞边定位； 2. 宜以涂色区别墙体和留洞位置
11	墙顶留槽	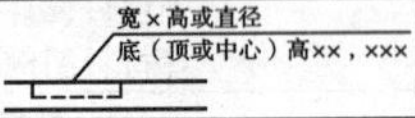 宽×高或直径 底（顶或中心）高××，×××	
12	烟道	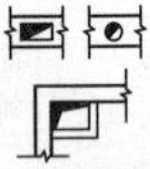	1. 阴影部分可以涂色代替； 2. 烟道与墙体为同一材料，其相接处墙身线应断开
13	通风道		

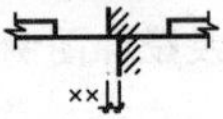

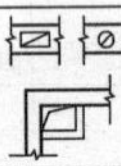

1.2.2 一般钢筋表示方法

见表1-2-2。

一般钢筋的表示方法（摘自GB/T 50105—2001）

表1-2-2

序号	名称	图例
1	钢筋横断面	●
2	无弯钩的钢筋端部	
3	带半圆形弯钩的钢筋端部	
4	带直钩的钢筋端部	
5	带螺纹的钢筋端部	
6	无弯钩的钢筋搭接	
7	带半圆弯钩的钢筋搭接	
8	带直钩的钢筋搭接	
9	花篮螺栓钢筋接头	
10	机械连接的钢筋接头	

1.2.3 钢筋的画法

见表1-2-3。

钢筋的画法（摘自GB/T 50105—2001）

表1-2-3

序号	说明	图例
1	在结构平面图中配置双层钢筋时，底层钢筋的弯钩应向上或向左，顶层钢筋的弯钩则向下或向右	（底层）（顶层）
2	钢筋混凝土墙体配双层钢筋时，在配筋立面图中，远面钢筋的弯钩应向上或向左，而近面钢筋的弯钩向下或向右（JM近面；YM远面）	JM YM JM YM JM YM JM YM

续表

序号	说明	图例
3	若在断面图中不能表达清楚的钢筋布置，应在断面图外增加钢筋大样图（如：钢筋混凝土墙、楼梯等）	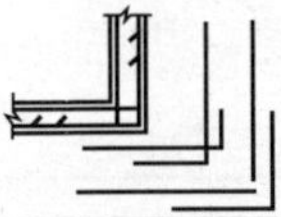
4	图中所表示的箍筋、环筋等若布置复杂时，可加画钢筋大样及说明	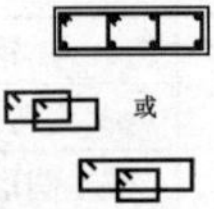 或
5	每组相同的钢筋、箍筋或环筋，可用一根粗实线表示，同时用一两端带斜短画线的横穿细线，表示其余钢筋及起止范围	

1.2.4 总平面图例

见表1-2-4。

总平面图例（摘自GB/T 50103—2001）

表1-2-4

序号	名称	图例	说明
1	新建的建筑物	 ▲	1. 需要时，可用▲表示出入口，可在图形内右上角用点数或数字表示层数； 2. 建筑物外形（一般以±0.000高度处的外墙定位轴线或外墙面线为准）用粗实线表示。需要时，地面以上建筑用中粗实线表示，地面以下建筑用细虚线表示
2	原有的建筑物		1. 应注明拟利用者； 2. 用细实线表示

续表

序号	名称	图例	说明
3	计划扩建的预留地或建筑物		用中虚线表示
4	拆除的建筑物		用细实线表示
5	铺砌场地		
6	烟囱		实线为烟囱下部直径，虚线为基础，必要时可注写烟囱高度和上、下口直径
7	围墙及大门		上图为实体性质的围墙，下图为通透性质的围墙，若仅表示围墙时不画大门
8	挡土墙		被挡土在“突出”的一侧
9	台阶	箭头方向表示下坡	箭头方向表示向上
10	坐标	X=767.000 Y=129.000　A=163.470 B=276.180	左图表示测量坐标；右图表示建筑坐标
11	室内标高	183.260	
12	室外标高	47.860	

1.2.5 常用构件代号

见表1-2-5。

常用构件代号（摘自 GB/T 50105—2001）

表 1-2-5

序号	名称	代号
1	板	B
2	屋面板	WB
3	空心板	KB
4	槽形板	CB
5	折板	ZB
6	密肋板	MB
7	楼梯板	TB
8	盖板或沟盖板	GB
9	挡雨板或檐口板	YB
10	起重机安全走道板	DB
11	墙板	QB
12	天沟板	TGB
13	梁	L
14	屋面梁	WL
15	吊车梁	DL
16	单轨吊车梁	DDL
17	轨道连接	DGL
18	车挡	CD
19	圈梁	QL
20	过梁	GL
21	连系梁	LL
22	基础梁	JL
23	楼梯梁	TL
24	框架梁	KL

续表

序号	名称	代号
25	框支梁	KZL
26	屋面框架梁	WKL
27	檩条	LT
28	屋架	WJ
29	托架	TJ
30	天窗架	CJ
31	框架	KJ
32	刚架	GJ
33	支架	ZJ
34	柱	Z
35	框架柱	KZ
36	构造柱	GZ
37	承台	CT
38	设备基础	SJ
39	桩	ZH
40	挡土墙	DQ
41	地沟	DG
42	柱间支撑	ZC
43	垂直支撑	CC
44	水平支撑	SC
45	梯	T
46	雨篷	YP
47	阳台	YT
48	梁垫	LD

续表

序号	名称	代号
49	预埋件	M-
50	天窗端壁	TD
51	钢筋网	W
52	钢筋骨架	G
53	基础	J
54	暗柱	AZ

2　混凝土组成材料

2.1　水泥

2.1.1　水泥的分类

水泥的品类较多，通常按其性质和用途分为通用水泥、专用水泥、特种水泥三类。

通用水泥是工业与民用建筑等土建工程中应用最为广泛的水泥，包括硅酸盐水泥、普通硅酸盐水泥、矿渣硅酸盐水泥、火山灰质硅酸盐水泥、粉煤灰硅酸盐水泥、复合硅酸盐水泥等六大品种。通用水泥已有新标准颁布：《通用硅酸盐水泥》GB 175—2007。

专用水泥是以所用工程名称命名的，如油井水泥、砌筑水泥等。

特种水泥是具有某种突出特性的水泥，如膨胀水泥、快硬水泥等。另外，按水泥的矿物组成则可分为：硅酸盐水泥、铝酸盐水泥、硫铝酸盐水泥、铁铝酸盐水泥等。本书重点介绍通用水泥。

2.1.2　常用水泥的性能和运用

（1）常用水泥的基本特性

常用水泥的组成、性能及强度等级等基本特性，见表2-1-1。

常用水泥的基本性能　　表 2-1-1

项次	水泥名称	标准编号	原料	代号	特性	强度等级	备注
1	硅酸盐水泥	GB 175—2007	硅酸盐水泥熟料、0～5%的石灰石或粒化高炉矿渣、适量石膏磨细制成的水硬性胶凝材料	P·I、P·Ⅱ[1]	早期强度及后期强度都较高，在低温下强度增长比其他种类的水泥快，抗冻、耐磨性都好，但水化热较高，抗腐蚀性较差	42.5、42.5R、52.5、52.5R、62.5、62.5R	R系指早强型水泥
2	普通硅酸盐水泥	GB 175—2007	硅酸盐水泥熟料、5%～20%的石灰石或粒化高炉矿渣、适量石膏磨细制成的水硬性胶凝材料	P·O	除早期强度比硅酸盐水泥稍低，其他性能接近硅酸盐水泥	42.5、42.5R、52.5、52.5R	
3	矿渣硅酸盐水泥	GB 175—2007	硅酸盐水泥熟料和20%～70%粒化高炉矿渣、适量石膏磨细制成的水硬性胶凝材料	P·S·A、P·S·B[2]	早期强度较低，在低温环境中强度增长较慢，但后期强度增长较快，水化热较低，抗硫酸盐侵蚀性较好，耐热性较好，但干缩变形较大，析水性较大，耐磨性较差	32.5、32.5R、42.5、42.5R、52.5、52.5R	

续表

项次	水泥名称	标准编号	原料	代号	特性	强度等级	备注
4	火山灰质硅酸盐水泥	GB 175—2007	硅酸盐水泥熟料和20% ~ 40% 火山灰质混合材料、适量石膏磨细制成	P · P	早期强度较低，在低温环境中强度增长较慢，在高温潮湿环境中（如蒸汽养护）强度增长较快，水化热较低，抗硫酸盐侵蚀性较好，但干缩变形较大，析水性较大，耐磨性较差	32.5、32.5R、42.5、42.5R、52.5、52.5R	
5	粉煤灰硅酸盐水泥	GB 175—2007	硅酸盐水泥熟料和20% ~ 40% 粉煤灰、适量石膏磨细制成	P · F	早期强度较低，水化热比火山灰水泥还低，和易性好，抗腐蚀性好、干缩性也较小，但抗冻、耐磨性较差	32.5、32.5R、42.5、42.5R、52.5、52.5R	
6	复合硅酸盐水泥	GB 175—2007	硅酸盐水泥熟料、20% ~ 50% 两种或两种以上规定的混合材料、适量石膏磨细制成的水硬性胶凝材料	P · C	介于普通水泥与火山灰水泥、矿渣水泥以及粉煤灰水泥性能之间，当复掺混合材料较少（小于20%）时，它的性能与普通水泥相似，随着混合材料复掺量的增加，性能也趋向所掺混合材料的水泥	32.5、32.5R、42.5、42.5R、52.5、52.5R	

注：①掺加不超过5%混合材料的称Ⅱ类，代号P · Ⅱ。
②掺混合材料20% ~50%的为P · S · A，掺混合材料50% ~70%的为P · S · B。

（2）常用水泥的选用和适用范围

常用水泥的选用及各种水泥的适用范围见表2-1-2、表2-1-3。

常用水泥的选用　　表2-1-2

混凝土工程特点或所处环境条件		优先选用	可以使用	不得使用
环境条件	在普通气候环境中的混凝土	普通硅酸盐水泥	矿渣硅酸盐水泥、火山灰质硅酸盐水泥、粉煤灰硅酸盐水泥	
	在干燥环境中的混凝土	普通硅酸盐水泥	矿渣硅酸盐水泥	火山灰质硅酸盐水泥、粉煤灰硅酸盐水泥
	在高湿度环境中或永远处在水下的混凝土	矿渣硅酸盐水泥	普通硅酸盐水泥、火山灰质硅酸盐水泥、粉煤灰硅酸盐水泥	
	严寒地区的露天混凝土、寒冷地区的处在水位升降范围内的混凝土	普通硅酸盐水泥	矿渣硅酸盐水泥	火山灰质硅酸盐水泥、粉煤灰硅酸盐水泥
	严寒地区处在水位升降范围内的混凝土	普通硅酸盐水泥		火山灰质硅酸盐水泥、粉煤灰硅酸盐水泥、矿渣硅酸盐水泥
	受侵蚀性环境水或侵蚀性气体作用的混凝土	根据侵蚀性介质的种类、浓度等具体条件按专门（或设计）规定选用		

续表

混凝土工程特点或所处环境条件		优先选用	可以使用	不得使用
环境条件	厚大体积的混凝土	矿渣硅酸盐水泥	普通硅酸盐水泥、火山灰质硅酸盐水泥	硅酸盐水泥、快硬硅酸盐水泥、高水化热水泥
工程特点	要求快硬的混凝土	快硬硅酸盐水泥、硅酸盐水泥	普通硅酸盐水泥	矿渣硅酸盐水泥、火山灰质硅酸盐水泥、粉煤灰硅酸盐水泥
	高强混凝土（大于C60）	硅酸盐水泥	普通硅酸盐水泥、矿渣硅酸盐水泥	火山灰质硅酸盐水泥、粉煤灰硅酸盐水泥
	有抗渗性要求的混凝土	普通硅酸盐水泥、火山灰质硅酸盐水泥		矿渣硅酸盐水泥
	有耐磨性要求的混凝土	硅酸盐水泥、普通硅酸盐水泥	矿渣硅酸盐水泥	火山灰质硅酸盐水泥、粉煤灰硅酸盐水泥

注：1. 蒸汽养护时用的水泥品种，宜根据具体条件通过试验确定。

2. 复合硅酸盐水泥选用应根据其混合材的比例确定。

各种水泥的适用范围　　表2-1-3

项次	水泥名称	水泥标准编号	基本用途	可用范围	不适用范围	使用注意事项
1	硅酸盐水泥	GB 175—2007	混凝土、钢筋混凝土和预应力混凝土的地上、地下和水中结构		受侵蚀水(海水、矿物水、工业废水等)及压力水作用的结构	使用加气剂可提高抗冻能力
2	普通硅酸盐水泥	GB 175—2007				

续表

项次	水泥名称	水泥标准编号	基本用途	可用范围	不适用范围	使用注意事项
3	矿渣硅酸盐水泥	GB 175—2007	混凝土和钢筋混凝土的地上、地下和水中的结构以及抗硫酸盐侵蚀的结构		需早期发挥强度的结构	加强洒水养护，冬期施工注意保温
4	火山灰质硅酸盐水泥	GB 175—2007		高湿条件下的地上一般建筑	(1) 受反复冻融及干湿循环作用的结构。 (2) 干燥环境中的结构	加强洒水养护，冬期施工注意保温
5	粉煤灰硅酸盐水泥	GB 175—2007	混凝土和钢筋混凝土的地上、地下的水中的结构；抗硫酸盐侵蚀的结构；大体积水工混凝土		需早期发挥强度的结构	加强洒水养护，冬期施工注意保温
6	抗硫酸盐硅酸盐水泥	GB 748—1996	受硫酸盐水溶液侵蚀，反复冻融及干湿循环作用的混凝土及钢筋混凝土结构	受硫酸盐(SO_4^{2-}离子浓度在2500mg/L以下）水溶液侵蚀的混凝土及钢筋混凝土结构		配制混凝土的水灰比应小些

续表

项次	水泥名称	水泥标准编号	基本用途	可用范围	不适用范围	使用注意事项
7	高抗硫酸盐水泥	—	受硫酸盐水溶液侵蚀，反复冻融及干湿循环作用的混凝土及钢筋混凝土结构	受硫酸盐（SO_4^{2-}离子浓度在2500～10000mg/L）水溶液侵蚀的混凝土及钢筋混凝土结构		严格控制水灰比
8	快硬硅酸盐水泥	GB 199—1990	要求快硬的混凝土、钢筋混凝土和预应力混凝土结构			
9	高强硅酸盐水泥	—	要求快硬、高强的混凝土、钢筋混凝土和预应力混凝土结构			(1) 储存过久，易风化变质。 (2) 需强烈搅拌，并最好采用预振和加压振捣

续表

项次	水泥名称	水泥标准编号	基本用途	可用范围	不适用范围	使用注意事项
10	矾土水泥（高铝水泥）	GB 201—2000	(1)耐热（<1300℃）混凝土。(2)抗腐蚀（如弱酸性腐蚀、硫酸盐、镁盐腐蚀）的混凝土和钢筋混凝土	(1)特殊需要修的抢建工程。(2)在-5℃以上施工的工程	(1)蒸汽养护的混凝土。(2)连续浇筑的大体积混凝土。(3)与碱液接触的工程。(4)不宜制作薄壁构件	(1)后期强度有下降。混凝土应以最低强度稳定值作为设计强度。(2)不得与硅酸盐水泥、石灰及碱性物质混合。(3)未经试验不得使用外掺剂。(4)钢筋混凝土结构的钢筋保护层应加大1~2cm。(5)在混凝土硬化过程中，环境温度不得超过30℃

续表

项次	水泥名称	水泥标准编号	基本用途	可用范围	不适用范围	使用注意事项
11	砌筑水泥	GB/T 3138—2003	主要用于墙体砌筑和拌灰		要求膨胀量大的混凝土不宜使用砌筑水泥	(1)产品分为12.5和22.5两个强度等级。(2)不得与其他水泥混用。(3)使用温度不得低于5℃，不得高于40℃。(4)水泥严防受潮

（3）通用硅酸盐水泥各龄期的强度指标

不同品种不同强度等级的通用硅酸盐水泥，其不同龄期的强度应符合表2-1-4的规定。

水泥的龄期和强度　　　表2-1-4

品种	强度等级	抗压强度(MPa)		抗折强度(MPa)	
		3d	28d	3d	28d
硅酸盐水泥	42.5	≥17.0	≥42.5	≥3.5	≥6.5
	42.5R	≥22.0		≥4.0	
	52.5	≥23.0	≥52.5	≥4.0	≥7.0
	52.5R	≥27.0		≥5.0	
	62.5	≥28.0	≥62.5	≥5.0	≥8.0
	62.5R	≥32.0		≥5.5	

续表

品种	强度等级	抗压强度（MPa）		抗折强度（MPa）	
		3d	28d	3d	28d
普通硅酸盐水泥	42.5	≥17.0	≥42.5	≥3.5	≥6.5
	42.5R	≥22.0		≥4.0	
	52.5	≥23.0	≥52.5	≥4.0	≥7.0
	52.5R	≥27.0		≥5.0	
矿渣硅酸盐水泥 火山灰硅酸盐水泥 粉煤灰硅酸盐水泥 复合硅酸盐水泥	32.5	≥10.0	≥32.5	≥2.5	≥5.5
	32.5R	≥15.0		≥3.5	
	42.5	≥15.0	≥42.5	≥3.5	≥6.5
	42.5R	≥19.0		≥4.0	
	52.5	≥21.0	≥52.5	≥4.0	≥7.0
	52.5R	≥23.0		≥4.5	

2.1.3 水泥的验收与保管

水泥的验收与保管见表2-1-5。

水泥的验收与保管　　表2-1-5

项目	说明
验收	（1）水泥进场时应对其品种、级别、包装或散装仓号、出厂日期等进行检查，并应对其强度、安定性及其他必要的性能指标进行复验，其质量必须符合现行国家标准《通用硅酸盐水泥》（GB 175—2007）等的规定。 （2）钢筋混凝土结构、预应力混凝土结构中，严禁使用含氯化物的水泥。 （3）检查数量：按同一生产厂家、同一等级、同一品种、同一批号且连续进场的水泥，袋装不超过200t为一批，散装不超过500t为一批，每批抽样不少于一次。 （4）检验方法：检查产品合格证、出厂检验报告和进场复验报告。为能及时得知水泥强度，可按《水泥强度快速检验方法》（JC/T 738—2004）预测水泥28d强度

续表

项目	说明
堆放、保管	（1）水泥进场必须附有出厂合格证或进场试验报告，并应对其品种、强度等级、包装或散装仓号、出厂日期等检查验收，分别堆放，并树立标志，做到先到先用，防止混杂使用。 （2）存放袋装水泥的仓库应保持干燥；屋顶、墙壁、门窗不得有漏雨、渗水等情况，地面应铺垫木板和油毡隔离，以防水泥受潮。临时露天堆放，应用防雨篷布遮盖。 （3）存放袋装水泥，应整齐堆放，应垫起离地30cm，距墙30cm以上，堆放高度一般不宜超过10包，堆宽以5~10袋为限。应合理安排堆垛位置和通道，以保证先进先出，合理周转，以避免部分放在角落的水泥长期积压，造成受潮变质。 （4）散装水泥应储存在专门密封的中转防潮仓库、接收库或钢板罐内，并需有严格的防潮、防漏措施；临时性储存可用简易储库，库内地面应高出室外地面30cm以上，并铺砖或木板或油毡隔潮。 （5）水泥储存期间一般不应超过3个月（快硬水泥为1个月）。一般水泥在正常干燥环境中存放3个月，强度将降低20%；存放6个月，强度将降低15%~30%。水泥出厂超过3个月（快硬水泥超过1个月），或对水泥质量有怀疑时，使用前应复查试验，并按试验结果使用。 （6）水泥不得和石灰石、石膏、白垩等粉状物料混放在一起

2.2 砂和石子

2.2.1 砂

砂是混凝土组成材料中的细骨料，粒径在0.16~5mm之间，可分为天然河砂、海砂、山砂及人工砂等。

（1）砂的分类

按砂的粒径可分为粗砂、中砂和细砂，习惯上用砂的平均粒径来区分，目前是以细度模数来表示砂的粗细，常用筛分析的方法进行测定。

砂按细度的分类见表 2-2-1。

砂的分类　　　　表 2-2-1

粗细程度	细度模数 μ_f	平均粒径（mm）
粗砂	3.1 ~ 3.7	0.5 以上
中砂	2.3 ~ 3.0	0.35 ~ 0.5
细砂	1.6 ~ 2.2	0.25 ~ 0.35

注：细度模数 $\mu_f = \frac{(A_2 + A_3 + A_4 + A_5 + A_6) - 5A_1}{100 - A_1}$　　(2-2-1)

式中　A_1、A_2、A_3、A_4、A_5、A_6——5.0mm、2.5mm、1.25mm、0.63mm、0.315mm、0.16mm 各筛累计筛余百分率。

细度模数 μ_f 愈大，表示砂愈粗。普通混凝土用砂的细度模数一般为 0.7 ~ 3.7。

（2）混凝土用砂的技术要求

混凝土用砂、石已颁布新的标准——《普通混凝土用砂、石质量及检验方法标准》JGJ 52—2006。

混凝土用砂应符合表 2-2-2 要求。

1）混凝土用砂按 0.63mm 筛孔累计筛余量可分为三个级配区，砂的颗粒级配应处于其中的任何一个级配区，级配良好的砂，其空隙率不应超过 40%。

2）配置混凝土时宜优先选用Ⅱ区砂。Ⅱ区宜用于强度等级 C30 ~ C60 及有抗冻、抗渗或其他要求的混凝土；Ⅰ区砂偏粗，保水能力差，采用时应提高混凝土的砂率，并保持足够的水泥用量，以满足混凝土的和易性要求，一般用于强度等级大于 C60 的混凝土；Ⅲ区砂偏细，黏度小，保水性好，采用时宜降低混凝土的砂率，以保证混凝土的强度，一般用于强度等级小于 C30 的混凝土和建筑砂浆。对于泵送混凝土用砂，宜选用中砂。

3）砂中常含有泥土、泥块和杂质，含量过大会降低混凝土强度和耐久性。

混凝土用砂的技术要求　　表 2-2-2

项目			不小于 C30 混凝土				小于 C30 混凝土		
颗粒级配	筛孔尺寸（mm）		10.0	5.0	2.5	1.25	0.63	0.315	0.16
	累计筛余（以质量%计）	Ⅰ区	0	10~0	35~5	65~35	85~71	95~80	100~90
		Ⅱ区	0	10~0	25~0	50~10	70~41	92~70	100~90
		Ⅲ区	0	10~0	15~0	25~0	40~16	85~55	100~90
含泥量（按质量计%）			≤3				≤5		
云母含量（按质量计%）			≤2				≤2		
轻物质含量（按质量计%）			≤1				≤1		
硫化物及硫酸盐含量（折算成 SO_3 按质量计%）			≤1				≤1		
泥块含量（按质量计%）			≤1				≤2		
有机质含量（用比色法试验）			颜色不应深于标准色，如深于标准色，则应按水泥胶浆强度试验方法，进行强度对比试验，抗压强度比不应低于 0.95						

注：1. 对于有抗冻、抗渗或其他特殊要求的混凝土用砂，其含泥量不应大于3%，云母含量不应大于1%。但对不大于 C10 的混凝土，其含泥量可酌情放宽。

2. 砂中如含有颗粒状的硫酸盐或硫化物，则要求经专门检验，确认能满足混凝土耐久性要求时方能采用。

3. 如砂的实际颗粒级配与表中所列的累计筛余百分率相比，除 5.0mm 和 0.63mm 筛外，允许稍有超出分界线，但其总量不应大于 5%。

4. 砂的坚固性，用硫酸钠溶液法检验，试样经 5 次循环后，其质量损失应不大于 10%。

5. 密度：干燥状态下平均 1500 ~ 1600kg/m^3；紧密状态 1600 ~ 1700kg/m^3。

(3) 砂的验收、运输和堆放

1) 验收

①生产单位应按批对产品进行质量检验。在正常情况下，机械化集中生产的天然砂，以400m^{3}或600t为一批。人工分散生产的，以200m^{3}或300t为一检验批。不足上述规定者也以一批检验。每批至少应进行颗粒级配和含泥量检验。如为海砂，还应检验其氯盐含量。在发现砂的质量有明显变化时，应按其变化情况，随时进行取样检验。

②砂产量比较大，而产品质量比较稳定时，可进行定期的检验。

③在新产源开发前，应对产品按有关要求进行全面检验。

④砂的使用单位的质量检测报告内容应包括：委托单位、样品编号、工程名称、样品产地和名称、代表数量、检测条件、检测依据、检测项目、检测结果、结论等。

⑤砂的数量验收，可按质量或体积计算。

2) 运输和堆放

砂在运输、装卸和堆放过程中，应防止离析和混入杂质，并应按产地、种类和规格分别堆放。

2.2.2 石子

通常将直径大于5mm的可用于配置混凝土的固体颗粒称为粗骨料或石子。

(1) 石子的分类

普通混凝土所用的石子分为碎石和卵石，其分类见表2-2-3。

石子的分类　　表 2-2-3

分类方法	类别	说明
按粒形分	卵石	天然水流冲刷而成，按其来源又分为河卵石、海卵石和山卵石
	碎石	人工破碎、针扁状少； 机械破碎、颚式破碎机破碎的，针扁状多
按级配分	连续级配	从最大粒径开始，由大到小各级相连，其中每一级石子都有一定数量，一般工程上采用之
	间断级配	大颗粒和小颗粒间有相当大的空档（如最大粒为 40mm，其分级可为 5 ~ 10mm，20 ~ 40mm），大颗粒间的空隙直接由比它小很多的小颗粒填充，使空隙率降低，组合更密实，强度更高。多用于有特殊要求（如抗冻、抗渗、高强）的混凝土

（2）普通混凝土用石子的技术要求

1）颗粒级配和最大粒径

①颗粒级配

碎石和卵石的颗粒级配，一般应符合表 2-2-4 要求。

②最大粒径

根据现行《混凝土结构工程施工质量验收规范》（GB 50204—2002）规定，混凝土用的粗骨料，其最大颗粒粒径不得超过结构截面最小尺寸的 1/4，且不得超过钢筋最小间距的 3/4，对混凝土实心板，骨料的最大粒径不宜超过板厚的 1/3，且不得超过 40mm。

2）石子的强度

碎石或卵石的颗粒级配范围 **表 2-2-4**

级配情况	公称粒级（mm）	累计筛余，按质量计（%）											
		筛孔尺寸（圆孔筛）（mm）											
		2.5	5.0	10.0	18.0	20.0	25.0	31.5	40.0	50.0	63.0	80.0	100.0
连续粒级	5～10	95～100	80～100	0～15	0	—	—	—	—	—	—	—	—
	5～16	95～100	90～100	30～60	0～10	0	—	—	—	—	—	—	—
	5～20	95～100	90～100	40～70	—	0～10	0	—	—	—	—	—	—
	5～25	95～100	90～100	—	30～70	—	0～5	0	—	—	—	—	—
	5～31.5	95～100	90～100	70～90	—	15～45	—	0～5	0	—	—	—	—
	5～40	—	95～100	75～90	—	30～65	—	—	0～5	0	—	—	—
单粒级	10～20	—	90～100	85～100	—	0～15	0	—	—	—	—	—	—
	16～31.5	—	90～100	—	85～100	—	—	0～10	0	—	—	—	—
	20～40	—	—	95～100	—	80～100	—	—	0～10	0	—	—	—
	31.5～63	—	—	—	95～100	—	—	75～100	45～75	—	0～10	0	—
	40～80	—	—	—	—	95～100	—	—	70～100	—	30～60	0～10	0

注：公称粒级的上限为该粒级的最大粒径。

碎石和卵石的强度，可用岩石的抗压强度和压碎值指标两种方法表示。碎石和卵石的压碎指标值可参照表2-2-5的规定采用。

碎石、卵石的压碎指标值　表2-2-5

<table>
<tr><th colspan="2">石子品种</th><th>混凝土强度等级</th><th>压碎指标值（%）</th></tr>
<tr><td rowspan="6">碎石</td><td rowspan="2">沉积岩</td><td>C60～C40</td><td>≤10</td></tr>
<tr><td>≤C35</td><td>≤16</td></tr>
<tr><td rowspan="2">变质岩或深层的火成岩</td><td>C60～C40</td><td>≤12</td></tr>
<tr><td>≤C35</td><td>≤20</td></tr>
<tr><td rowspan="2">火成岩</td><td>C60～C40</td><td>≤13</td></tr>
<tr><td>≤C35</td><td>≤30</td></tr>
<tr><td colspan="2" rowspan="2">卵石</td><td>C60～C40</td><td>≤12</td></tr>
<tr><td>≤C35</td><td>≤16</td></tr>
</table>

注：混凝土强度等级为C60及其以上时应进行岩石抗压强度检验，其他情况下，如有怀疑或认为有必要时也可进行岩石抗压强度检验。岩石的抗压强度与混凝土强度等级之比不应小于1.5，且火成岩强度不宜低于80MPa，变质岩不宜低于60MPa，水成岩不宜低于30MPa。

3）石子中允许有害杂质含量

碎石和卵石中允许有害杂质含量见表2-2-6。

碎石或卵石中允许有害杂质含量

表2-2-6

项目	大于C60混凝土	C55～C30混凝土	≤C25混凝土
针、片状颗粒含量，按质量计（%）	≤8	≤15	≤25
含泥量按质量计（%）	0.05	1.0	2.0
泥块含量按质量计（%）	≤0.2	0.5	0.7

续表

项目	大于 C60 混凝土	C55 ~ C30 混凝土	≤C25 混凝土
硫化物及硫酸盐含量（折算成 SO_3）	≤1	≤1.0	≤1.0
卵石中有机质含量（用比色法试验）	颜色应不深于标准色，如深于标准色，则应配制成混凝土，进行强度对比试验，抗压强度比应不低于0.95		

注：1. 针片状颗粒是指颗粒的长度大于该颗粒所属粒级的平均粒径2.4倍者，称为针状颗粒；厚度小于平均粒径0.4倍者，称为片状颗粒（平均粒径是指该粒级上下限粒径的平均值）。

2. 对有抗冻、抗渗或其他特殊要求的混凝土，其石子的含泥量不应大于1%。

3. 如含泥基本上属非黏性土质的石粉时，其总含量可分别提高到1%、1.5%和3.0%。

4. 表中内容适用于普通混凝土用碎石和卵石。

（3）石子的验收、运输和堆放

1）验收

①生产厂家和供货单位应提供产品合格证及质量检验报告。

②使用单位在收货时应按同产地同规格分批验收。用大型工具（如火车、货船或汽车）运输的，以400m^3或600t为一验收批，用小型工具（如马车、拖拉机等）运输的以200m^3或300t为一验收批。不足上述者以一验收批论处。

③每验收批至少应进行颗粒级配、含泥量、泥块含量及针、片状颗粒含量检验。对重要工程或特殊工程应根据工程要求增加检测项目。对其他指标的合格性有怀

疑时应予检验。当质量比较稳定、进料量又较大时，可定期检验。

④当使用新产源的石子时，应由生产厂家或供货单位按质量要求进行全面检验。

⑤石子的使用单位的质量检测报告内容应包括：委托单位、样品编号、工程名称、样品产地、类别、代表数量、检测依据、检测条件、检测项目、检测结果、结论等。

⑥碎石或卵石的数量验收，可按质量计算，也可按体积计算。

2）运输和堆放

碎石或卵石在运输、装卸和堆放过程中，应防止颗粒离析和混入杂质，并应按产地、种类和规格分别堆放。堆料高度不宜超过 5m，但对单粒级或最大粒径不超过 20mm 的连续粒级，堆料高度可以增加到 10m。

2.3 外加剂

在混凝土拌合过程中掺入量不大于水泥质量的 5%（特殊情况除外）并能按要求改善混凝土性能的材料称为混凝土外加剂。

2.3.1 混凝土外加剂的分类

混凝土外加剂按其主要功能分为五类。

①改善新拌混凝土流变性能的外加剂，有各种减水剂、引气剂和泵送剂等。

②调节混凝土凝结时间、硬化性能的外加剂，有缓凝剂、早强剂和速凝剂等。

③改善混凝土含气量的外加剂，有引气剂、发泡剂、消泡剂等。

④改善混凝土耐久性的外加剂，有引气剂、防水剂、阻锈剂和防冻剂等。

⑤特殊用途的外加剂，有着色剂、膨胀剂、胶粘剂等。

2.3.2 各种外加剂的主要功能和应用

(1) 减水剂

普通减水剂是在混凝土坍落度基本相同的条件下，能减少拌合用水量的外加剂。在混凝土坍落度基本相同的条件下，能大幅度减少拌合水量的外加剂称为高效减水剂。

减水剂的特性和选用见表2-3-1、表2-3-2。

普通减水剂的特性和选用　表2-3-1

项目	说明
品种	普通减水剂按化学成分可分为木质素磺酸盐、多元醇系及复合物、高级多元醇、羧酸（盐）基、聚丙烯酸盐及其共聚物、聚氯乙烯醚及其衍生物6类。前两类是天然产品，资源丰富、成本低，广泛作为普通减水剂使用
特性	普通型减水剂可分为早强型、标准型、缓凝型3个品种，但在不复合其他外加剂时，本身有一定缓凝作用。 木质素磺酸盐能增大新拌混凝土的坍落度6～8cm，能减少用水量，减水率小于10%
适用范围	适用于各种现浇及预制（不经蒸养工艺）混凝土、钢筋混凝土及预应力混凝土；中低强度混凝土
应用要点	(1) 普通减水剂适宜掺量0.2%～0.3%，随气温升高可适当增加，但不超过0.5%，计量误差限为±5%。 (2) 宜以溶液形式掺入，可与拌合水同时加入搅拌机内。 (3) 混凝土从搅拌出机至浇筑入模的间隔时间宜为：气温20～30℃，间隔不超过1h；气温10～19℃，间隔不超过1.5h；气温5～9℃，间隔不超过2.0h。 (4) 适用于日最低气温5℃以上的混凝土施工，低于5℃时应与早强剂复合使用。 (5) 需经蒸汽养护的预制构件使用木质素减水剂时，掺量不宜大于0.05%，并且不宜采用腐殖酸减水剂

高效减水剂的特性和选用　表 2-3-2

项目	说明
品种	常用的高效减水剂主要有萘系（萘磺酸盐甲醛缩合物）、三聚氰胺系（三聚氰胺磺酸盐甲醛缩合物）、多羧酸系（烯烃马来酸共聚物、多羧酸酯）、胺基磺酸系（芳香族胺基磺酸聚合物）。它们都具有较高的减水能力，三聚氰胺系高效减水剂减水率更大，但减水率越高，流动性经时损失越大。胺基磺酸盐系，由单一组分合成型，坍落度经时变化小
特性	高效减水剂能大大提高水泥拌合物的流动性和混凝土坍落度，同时大幅度降低用水量，显著改善混凝土工作性能；大幅度降低用水量，因而显著提高混凝土在各龄期强度。 高效减水剂基本不改变混凝土凝结时间，掺量大时（超剂量掺入）稍有缓凝作用，但并不延缓硬化混凝土早期强度的增长。在保持强度恒定值时，则能节约水泥 10% 或更多。不含氯离子，对钢筋不产生锈蚀作用。提高混凝土的抗渗、抗冻及耐腐蚀性，增强耐久性。掺量过大则产生泌水
适用范围	适用于各类工业与民用建筑建设中的预制和现浇钢筋混凝土、预应力钢筋混凝土工程。适用于高强、超高强、中等强度混凝土，早强、浅度抗冻、大流动混凝土
应用要点	(1) 高效减水剂的适宜掺量是：引气型如甲基萘系、稠环芳香族的蒽系等掺量为 0.5% ~1.0% 水泥用量；非引气型如蜜胺树脂系、萘系减水剂掺量可在 0.3% ~5% 之间选择，最佳掺量为 0.7% ~1.0%，在需经蒸养工艺的预制构件中应用，掺量应适当减少。 (2) 高效减水剂以溶液方式掺入为宜，但溶液中的水分应从总用水量中扣除。 (3) 最常用的方法是与拌合水一起加入（稍后于最初一部分拌合用水的加入）。 (4) 复合型高效减水剂成分不同，品牌极多，是否适用必须先经试配。高效减水剂亦因水泥品种、细度、矿物组分差异而存在对水泥适应性问题，宜先试验后采用。 (5) 高效减水剂除氨基磺酸类、接枝共聚物类以外，混凝土的坍落度损失都很大，30min 可以损失 30% ~50%，使用中须加以注意

常用减水剂品种及掺量见表2-3-3。

常用减水剂品种及掺量　　表2-3-3

种类	主要原料	掺量（占水泥质量的%）	减水率（%）	提高强度（%）
木质素磺酸钙（M型减水剂）	纸浆废液	0.2～0.3	10～15	10～20
MF减水剂	聚次甲基萘磺酸钠	0.5～0.7	10～30	10～30
N系减水剂	工业萘	0.5～0.8	10～17	10
NNO减水剂	精萘	0.5～0.75	10～25	20～25
NF减水剂	精萘	1.5	20	—
UNF减水剂	油萘	0.5～1.5	15～20	15～30
FDN减水剂	工业萘	0.5～0.75	16～25	20～50
JN减水剂	萘残油	0.5	15～27	30～50
SN-Ⅱ减水剂	萘	0.5～1.0	14～25	15～40
磺化焦油减水剂	煤焦油	0.5～0.75	10	35～57
糖蜜减水剂	废蜜、糖渣	0.2～0.3	7～11	10～20
AU减水剂	蒽油	0.5～0.75	15～20	10～36
HM减水剂	纸浆废液	0.2	5～10	≥10
SM减水剂	蜜胶树脂	0.2～0.5	10～27	30～50
建Ⅰ减水剂	聚烷基芳烃磺酸盐	0.5～0.7	10～30	—

(2) 早强剂

早强剂是能够提高混凝土早期强度，但对后期强度没有明显影响的外加剂。兼有早强和减水作用的外加剂，称为早强减水剂。

早强剂的适用范围及应用要点详见表2-3-4。

早强剂的适用范围及应用要点　表2-3-4

项目	说明
适用范围	(1) 早强剂及早强减水剂适用于蒸养混凝土及常温、低温和最低温度不低于 -5℃环境中施工的有早强或防冻要求的混凝土工程。 (2) 含有六价铬盐、亚硝酸盐等有害成分的早强剂，严禁用于饮水工程及与食品相接触的工程。硝类不得用于办公、居住等建筑工程。 (3) 下列结构中不得采用含有氯盐配制的早强剂及早强减水剂： ①预应力混凝土结构。 ②在相对湿度大于80%环境中使用的结构、处于水位变化部位的结构、露天结构及经常受水淋、受水流冲刷的结构，如：给水排水构筑物、暴露在海水中的结构、露天结构等。 ③大体积混凝土。 ④直接接触酸、碱或其他侵蚀性介质的结构。 ⑤经常处于温度为60℃以上的结构，需经蒸养的钢筋混凝土预制构件。 ⑥有装饰要求的混凝土，特别是要求色彩一致的或是表面有金属装饰的混凝土。 ⑦薄壁混凝土结构，中级和重级工作制吊车梁、屋架、落锤及锻锤混凝土基础结构。 ⑧骨料具有碱活性的混凝土结构

续表

<table>
<tr><th>项目</th><th>说明</th></tr>
<tr><td>应用要点</td><td>

（1）早强剂、早强减水剂进入工地（或混凝土搅拌站）的检验项目应包括密度（或细度），1d、3d、7d 抗压强度及对钢筋的锈蚀作用，早强减水剂应增测减水率，混凝土有饰面要求的还应观测硬化后混凝土表面是否析盐。符合要求后，方可入库使用。

（2）常用早强剂掺量应符合表 2-3-4A 的规定。

早强剂掺量　　表 2-3-4A

<table>
<tr><th colspan="2">混凝土种类及使用条件</th><th>早强剂品种</th><th>掺量（水泥质量%）</th></tr>
<tr><td colspan="2" rowspan="2">预应力混凝土</td><td>（1）硫酸钠</td><td>1</td></tr>
<tr><td>（2）三乙醇胺</td><td>0.05</td></tr>
<tr><td rowspan="6">钢筋混凝土</td><td rowspan="4">干燥环境</td><td>（1）氯盐</td><td>1</td></tr>
<tr><td>（2）硫酸钠</td><td>2</td></tr>
<tr><td>（3）硫酸钠与缓凝减水剂复合使用</td><td>3</td></tr>
<tr><td>（4）三乙醇胺</td><td>0.05</td></tr>
<tr><td rowspan="2">潮湿环境</td><td>（1）硫酸钠</td><td>1.5</td></tr>
<tr><td>（2）三乙醇胺</td><td>0.05</td></tr>
<tr><td colspan="2">有饰面要求的混凝土</td><td>硫酸钠</td><td>1</td></tr>
<tr><td colspan="2">无筋混凝土</td><td>氯盐</td><td>2</td></tr>
</table>

注：1. 在预应力混凝土中，由其他原材料带入的氯盐总量，不应大于水泥质量的 0.1%；在潮湿环境下的钢筋混凝土中，不应大于水泥质量的 0.25%。
2. 表中氯盐含量，以无水氯化钙计。
3. 粉剂早强剂和早强减水剂直接掺入混凝土干料中应延长搅拌时间 30s

</td></tr>
</table>

续表

<table>
<tr><th>项目</th><th>说明</th></tr>
<tr><td>应用要点</td><td>4. 常温及低温下使用早强剂或早强减水剂的混凝土采用自然养护时，宜使用塑料薄膜覆盖或喷洒养护液。终凝后应立即浇水，进行潮湿养护。
5. 掺早强剂或早强减水剂的混凝土采用蒸汽养护时，其蒸养制度宜通过试验确定。
6. 常用复合早强剂、早强减水剂的组分和剂量，可根据表 2-3-4B 选用。

常用复合早强剂、早强减水剂的组分和剂量
表 2-3-4B
<table>
<tr><th>类型</th><th>外加剂组分</th><th>常用剂量
（以水泥质量% 计）</th></tr>
<tr><td rowspan="8">复合早强剂</td><td>三乙醇胺 + 氯化钠</td><td>(0.03 ~ 0.05) + 0.5</td></tr>
<tr><td>三乙醇胺 + 氯化钠 + 亚硝酸钠</td><td>0.05 + (0.3 ~ 0.5) + (1 ~ 2)</td></tr>
<tr><td>硫酸钠 + 亚硝酸钠 + 氯化钠 + 氯化钙</td><td>(1 ~ 1.5) + (1 ~ 3) + (0.3 ~ 0.5) + (0.3 ~ 0.5)</td></tr>
<tr><td>硫酸钠 + 氯化钠</td><td>(0.5 ~ 1.5) + (0.3 ~ 0.5)</td></tr>
<tr><td>硫酸钠 + 亚硝酸钠</td><td>(0.5 ~ 1.5) + 1.0</td></tr>
<tr><td>硫酸钠 + 三乙醇胺</td><td>(0.5 ~ 1.5) + 0.05</td></tr>
<tr><td>硫酸钠 + 二水石膏 + 三乙醇胺</td><td>(1 ~ 1.5) + 2 + 0.05</td></tr>
<tr><td>亚硝酸钠 + 二水石膏 + 三乙醇胺</td><td>1.0 + 2 + 0.05</td></tr>
<tr><td rowspan="3">早强减水剂</td><td>硫酸钠 + 萘系减水剂</td><td>(1 ~ 3) + (0.5 ~ 1.0)</td></tr>
<tr><td>硫酸钠 + 木质素减水剂</td><td>(1 ~ 3) + (0.15 ~ 0.25)</td></tr>
<tr><td>硫酸钠 + 糖钙减水剂</td><td>(1 ~ 3) + (0.05 ~ 0.12)</td></tr>
<tr><td colspan="3">注：早强减水剂用来提高混凝土早期抗冻害能力时，硫酸钠的用量可提高到 3%，减水剂掺量应取表中上限值</td></tr>
</table></td></tr>
</table>

（3）泵送剂

泵送性，就是混凝土拌合物顺利通过输送管道，不阻塞、不离析、黏塑性良好的性能。能改善混凝土拌合物泵送性能的外加剂称为泵送剂。

常温下使用的泵送剂，经常由以下几种组分构成：

减水组分：木质素磺酸钙或木质素磺酸钠，与高效减水剂和高性能减水剂组合。

缓凝组分：掺入缓凝剂用以调节凝结时间，增加游离水含量，从而提高流动性。

增稠组分（亦称保水剂）：增稠组分多数是水溶性聚合物外加剂，其特性是在浓度低的情况下能使水的黏度大大增加。优良的增稠剂是水溶性聚合物中的水溶性树脂类外加剂和某些聚合物电解质。

引气组分：可参见“引气剂”部分内容。

泵送剂的特点、适用范围及应用要点，详见表2-3-5。

泵送剂的特点、适用范围及应用要点

表 2-3-5

项目	说明
特性	泵送剂是流化剂中的一种，它除了能大大提高拌合物流动性以外，还能使新拌混凝土在60～180min时间内保持其流动性，剩余坍落度应不低于原始的55%。它不是缓凝剂
适用范围	适用于各种需要采用泵送工艺的混凝土。超缓凝泵送剂用于大体积混凝土。含防冻组分的泵送剂适用于冬期施工混凝土
应用要点	（1）泵送剂的掺量随品牌而异，相差很大，使用前应仔细了解说明书的要求。

续表

<table>
<tr><th>项目</th><th>说明</th></tr>
<tr><td>应用要点</td><td>

（2）掺泵送剂的混凝土性能试验与其他外加剂有所不同，泵送混凝土性能试验应用Ⅱ区中砂，水泥用量：采用卵石时（330±5）kg/m³，采用碎石时（340±5）kg/m³，砂率为42%。用水量分别以达到空白混凝土坍落度（8±1）cm，被检混凝土（18±1）cm为准。

（3）掺入泵送剂的混凝土在坍落度试验时，坍落度扩展后的混凝土试样中心部分不能有粗骨料堆积，边缘部分不能有明显的浆体和游离水被分离出来。

（4）应用泵送剂的混凝土温度不宜高于35℃。技术要求见表2-3-5A。

掺泵送剂混凝土的技术要求

表2-3-5A

<table>
<tr><th colspan="2">外加剂种类
项目</th><th>泵送剂</th></tr>
<tr><td colspan="2">坍落度增加值（mm）</td><td>≥80</td></tr>
<tr><td colspan="2">常压泌水率比（%）</td><td>≤100</td></tr>
<tr><td colspan="2">含气量（%）</td><td>≤5.5</td></tr>
<tr><td colspan="2">压力泌水率比（%）</td><td>≤95</td></tr>
<tr><td rowspan="2">坍落度保留值(mm)</td><td>30min</td><td>≥120</td></tr>
<tr><td>60min</td><td>≥100</td></tr>
<tr><td rowspan="3">抗压强度比（%）</td><td>3d</td><td>≥85</td></tr>
<tr><td>7d</td><td>≥85</td></tr>
<tr><td>28d</td><td>≥85</td></tr>
<tr><td colspan="2">28d收缩率比（%）</td><td>≤135</td></tr>
<tr><td colspan="2">抗冻性能（相对耐久性）</td><td>≥60（冻200）①</td></tr>
<tr><td colspan="2">对钢筋锈蚀作用</td><td>应说明对钢筋有无锈蚀危害</td></tr>
</table>

</td></tr>
<tr><td></td><td>注：①“≥60（冻200）”表示将28d龄期的受检混凝土试件冻融循环200次以后，冻弹性模量保留值不小于60%；一般情况下，本表所规定外加剂的相对耐久性不作为控制指标，但当该外加剂用于有抗冻融要求的混凝土时，必须满足此要求</td></tr>
</table>

（4）引气剂

引气剂是在混凝土搅拌过程中，能引入大量分布均匀的微小气泡，以减少混凝土拌合物泌水离析，改善和易性，并能显著提高硬化混凝土抗冻融耐久性的外加剂。兼有引气和减水作用的外加剂称为引气减水剂。

引气剂不宜用于蒸养混凝土及预应力混凝土。

引气剂品种、适用范围和应用要点详见表2-3-6。

引气剂品种、适用范围和应用要点

表2-3-6

<table>
<tr><th>项目</th><th>说明</th></tr>
<tr><td>品种</td><td>引气剂主要品种有松香树脂类：如松香热聚物、松香皂等；烷基苯磺酸盐类：如烷基苯磺酸盐、烷基苯酚聚氧乙烯醚等；脂肪醇磺酸盐类：如脂肪醇聚氧乙烯醚、脂肪酸聚氧乙烯磺酸钠等；其他：如蛋白质盐、石油磺酸盐。
引气减水剂主要品种有：改性木质素磺酸盐类；烷基芳香基磺酸盐类：如萘磺酸盐甲醛缩合物；由各类引气剂与减水剂组成的复合剂</td></tr>
<tr><td>适用范围</td><td>引气剂及引气减水剂，可用于抗冻混凝土、防渗混凝土、抗硫酸盐混凝土、泌水严重的混凝土、贫混凝土、轻骨料混凝土以及对饰面有要求的混凝土</td></tr>
<tr><td>应用要点</td><td>（1）抗冻性要求高的混凝土，必须掺用引气剂或引气减水剂，其掺量应根据混凝土的含气量要求，通过试验加以确定。掺引气剂或引气减水剂混凝土的含气量，不宜超过表2-3-6A的规定。
掺引气剂或引气减水剂混凝土的含气量
表2-3-6A
<table>
<tr><th>粗骨料最大粒径（mm）</th><th>混凝土的含气量（%）</th><th>粗骨料最大粒径（mm）</th><th>混凝土的含气量（%）</th></tr>
<tr><td>10</td><td>7.0</td><td>40</td><td>4.5</td></tr>
<tr><td>15</td><td>6.0</td><td>50</td><td>4.0</td></tr>
<tr><td>20</td><td>5.5</td><td>80</td><td>3.5</td></tr>
<tr><td>25</td><td>5.0</td><td>100</td><td>3.0</td></tr>
</table>
</td></tr>
</table>

续表

项目	说明
应用要点	（2）引气剂及引气减水剂配制溶液时，必须充分溶解，若产生絮凝或沉淀现象，应加热使其溶化后方可使用。 （3）引气剂可与减水剂、早强剂、缓凝剂、防冻剂一起复合使用，配制溶液时如产生絮凝或沉淀现象，应分别配制溶液并分别加入搅拌机内。 （4）检验引气剂和引气减水剂混凝土中的含气量，应在搅拌机出料口进行取样，并应考虑混凝土在运输和振捣过程中含气量的损失

常用引气剂的掺量见表2-3-7。

常用引气剂的掺量　　表2-3-7

种类	配制方法	掺量及效果（占水泥质量的%）
松香热聚物引气剂	（1）配合比为松香70g、石碳酸35g、硫酸2mL、氢氧化钠4g，以上配方可制成100g成品。 （2）将松香、石碳酸和硫酸按比例投入大烧瓶中，边搅拌边徐徐加热，控制温度70～80℃，时间5～8h。 （3）暂停加热，将氢氧化钠溶液按比例加入，继续加热2h，控制温度100℃。 （4）停止加热，静置片刻，趁热倒入贮器中即成。拌合混凝土时再将引气剂配成：氢氧化钠：引气剂：热水＝1:5:150，热水温度70～80℃	0.005～0.015 抗渗强度等级可达0.8～3.0MPa。可配制防水混凝土

续表

种类	配制方法	掺量及效果（占水泥质量的%）
松香酸钠引气剂	（1）将松香碾细，过3～5mm筛，同时将氢氧化钠溶于水中，使其相对密度为1.12～1.16（视松香皂化值而定，一般松香的皂化系数为160～180，取180为宜，再放入双层锅内煮沸。 （2）在沸腾的氢氧化钠溶液中边搅拌边加入松香粉（每升氢氧化钠溶液加入1kg松香粉）。 （3）松香粉溶解后再继续煮0.5～1h，然后缓慢冷却至80～90℃，再放入60～70℃热水配成5%浓度	0.01～0.05 抗渗强度等级可达0.8～3.0MPa。可配制防水混凝土、抗冻混凝土以及耐低温混凝土
铝粉引气剂	将铝粉与少量洗衣粉和少量温水拌匀，进行脱脂处理后使用	0.01～0.05 用于预应力筋孔道灌浆

（5）缓凝剂

缓凝剂是一种能延缓混凝土凝结时间，并对混凝土后期强度发展没有不利影响的外加剂。

缓凝减水剂主要有糖蜜减水剂、低聚糖减水剂等。缓凝剂的特性及应用要点见表2-3-8。

缓凝剂的特性及应用要点　表2-3-8

项目	说明
特性	缓凝剂与缓凝减水剂在净浆及混凝土中均有不同的缓凝效果。缓凝效果随掺量增加而增加，超掺会引起水泥水化完全停止。 各种缓凝剂和缓凝减水剂主要是延缓、抑制C_3A矿物和C_3S矿物组分的水化，对C_2S影响相对小得多，因此不影响对水泥浆的后期水化和长龄期强度增长

续表

<table>
<tr><th>项目</th><th>说明</th></tr>
<tr><td>应用要点</td><td>
（1）缓凝剂及缓凝减水剂可用于大体积混凝土、炎热气候条件下施工的混凝土，以及需较长时间停放或长距离运输的混凝土。
（2）缓凝剂及缓凝减水剂不宜用于日最低气温5℃以下施工的混凝土，也不宜单独用于有早强要求的混凝土及蒸养混凝土。
柠檬酸、酒石酸钾钠等缓凝剂，不宜单独用于水泥用量较低、水灰比较大的贫混凝土。
（3）在用硬石膏或工业废料石膏作调凝剂的水泥中掺用糖类缓凝剂时，应先做水泥适应性试验，合格后方可使用。
（4）缓凝剂及缓凝减水剂的品种及其掺量，应根据混凝土的凝结时间、运输距离、停放时间、强度等要求来确定。常用掺量可按表2-3-8A的规定采用，也可参照有关产品说明书。
缓凝剂及缓凝减水剂常用掺量
表2-3-8A
<table>
<tr><th>类别</th><th>掺量
（占水泥质量%）</th><th>类别</th><th>掺量
（占水泥质量%）</th></tr>
<tr><td>糖类</td><td>0.1～0.3</td><td>羟基羧酸盐类</td><td>0.03～0.1</td></tr>
<tr><td>木质素磺酸盐类</td><td>0.2～0.3</td><td>无机盐类</td><td>0.1～0.2</td></tr>
</table>
缓凝剂及缓凝减水剂在使用时将溶液加入拌合水中，溶液中的水量应从拌合水量中扣除。难溶或不溶物较多的缓凝剂和缓凝减水剂，使用时必须充分搅拌均匀。
缓凝剂和缓凝减水剂，可以与其他外加剂复合使用，配制溶液时，如产生絮凝或沉淀等现象，应分别配制溶液并分别加入搅拌机内
</td></tr>
</table>

（6）速凝剂

速凝剂是能使混凝土或砂浆迅速凝结硬化的外加剂。速凝剂的品种、适用范围、特性及应用要点，见表2-3-9。

速凝剂的品种、适用范围、特性及应用要点

表 2-3-9

项目	说明
品种	速凝剂用途不同，则化学成分也不同，因此按用途或化学成分，大致可以分为3类： (1) 喷射混凝土速凝剂 喷射混凝土的早期强度稍高些即可。红星一型、阳泉一型、西古尼特等都属于这类，它的主要成分是铝氧熟料，即铝酸钠盐加碳酸钠或碳酸钾。 (2) 复合硫铝酸盐型速凝剂 其主要用于喷射混凝土。由于成分中加入石膏或矾泥等硫酸盐类和硫铝酸盐，使后期强度与不掺时相比损失较小。 (3) 硅酸钠型堵漏速凝剂 止水堵水用速凝早强剂。这类速凝剂除要求混凝土混合物迅速凝结硬化外，还必须有较高的早期强度，以抵抗水流冲刷作用。水玻璃一类速凝早强剂即属于这一类
适用范围	速凝剂是喷射混凝土所必须的外加剂，其作用是：使喷至岩石上的混凝土在2~5min内初凝，10min内终凝，并产生较高的早期强度；在低温下使用不失效；混凝土收缩小；不锈蚀钢筋。速凝剂也适用于堵漏抢险工作
特性	速凝剂的促凝效果与掺入水泥中的数量成正比增长，但掺量超过4%~6%后则不再进一步促凝
应用要点	(1) 使用速凝剂时，须充分注意对水泥的适应性，若水泥中 C_3A 和 C_3S 含量高，则速凝效果好。一般说来对矿渣水泥效果较差。 (2) 注意速凝剂掺量必须适当。一般来说，气温低掺量适当加大而气温高时酌减。最佳量为2.5%~4%。 (3) 注意水灰比在0.4~0.6之间，不要过大，以喷出物不流淌，无干斑，色泽均匀为宜。 (4) 喷射混凝土成型要注意湿养护，防止干裂。 常用速凝剂掺量见表2-3-9A。

续表

项目	说明			
应用要点	**常用速凝剂掺量　　表 2-3-9A**			
	种类	掺量（占水泥质量的%）	适用范围	效果
	711 速凝剂	2.5～3.5	低温或常温硬化	5min 初凝，10min 终凝，用于喷射混凝土工程
	红星Ⅰ型速凝剂	2.5～4.0	低温或常温硬化	3.5min 初凝，7min 终凝，4h 强度为 1MPa，1d 强度为 5MPa

（7）防冻剂

防冻剂是在规定温度下，能显著降低混凝土的冰点，以保证水泥的水化作用，并在一定的时间内获得预期强度的外加剂。防冻剂的品种、适用范围和应用要点见表 2-3-10。

防冻剂的品种、适用范围和应用要点

表 2-3-10

项目	说明	
品种	（1）无机盐类：氯盐类：以氯盐（如氯化钙、氯化钠等）为防冻组分的外加剂；氯盐阻锈类：以氯盐与阻锈组分为防冻组分的外加剂；无氯盐类：以亚硝酸盐、硝酸盐等无机盐为防冻组分的外加剂。 防冻组分掺量见表 2-3-10A。	
	防冻组分掺量　　表 2-3-10A	
	防冻剂类别	防冻组分掺量
	氯盐类	氯盐掺量不得大于拌合水质量的 7%
	氯盐阻锈类	总量不得大于拌合水质量的 15%； 当氯盐掺量为水泥质量的 0.5%～1.5% 时，亚硝酸钠与氯盐之比应大于 1； 当氯盐掺量为水泥质量的 1.5%～3% 时，亚硝酸钠与氯盐之比应大于 1.3

续表

<table>
<tr><th>项目</th><th colspan="2">说明</th></tr>
<tr><td rowspan="2">品种</td><td>无氯盐类</td><td>总量不得大于拌合水质量的20%，其中亚硝酸钠、亚硝酸钙、硝酸钠、硝酸钙均不得大于水泥质量的8%，尿素不得大于水泥重量的4%，碳酸钾不得大于水泥质量的10%</td></tr>
<tr><td colspan="2">（2）有机化合物类：如以某些酸类为防冻组分的外加剂。
（3）有机化合物与无机盐复合类。
（4）复合型防冻剂：以防冻组分复合早强、引气、减水等组分的外加剂</td></tr>
<tr><td>适用范围</td><td colspan="2">防冻剂适用于负温条件下施工的混凝土，并应符合《混凝土外加剂应用技术规范》（GB 50119—2003）下列规定：
（1）氯盐类（包括氯盐阻锈类）防冻剂可用于混凝土工程、钢筋混凝土工程，严禁用于预应力混凝土工程。亚硝酸盐、硝酸盐等无机盐防冻剂严禁用于预应力混凝土及与镀锌钢材相接触的混凝土结构。
（2）有机化合物类防冻剂、有机化合物与无机盐复合防冻剂及复合型防冻剂可用于混凝土工程、钢筋混凝土工程及预应力混凝土工程。
（3）含有六价铬盐、亚硝酸盐等有害成分的防冻剂，严禁用于饮水工程及与食品相接触的部位，严禁食用。含有硝铵、尿素等产生刺激性气味的防冻剂，不得用于办公、居住等建筑工程。
（4）对水工、桥梁及有特殊抗冻融性要求的混凝土工程，应通过试验确定防冻剂品种及掺量</td></tr>
<tr><td>应用要点</td><td colspan="2">（1）当在日最低气温为0～5℃，混凝土采用塑料薄膜和保温材料覆盖养护时，可采用早强剂或早强减水剂；在日最低气温为-5～-10℃、-10～-15℃、-15～-20℃，采用上述保温措施时，宜分别采用规定温度为-5℃、-10℃和-15℃的防冻剂。
防冻剂的规定温度为按《混凝土防冻剂》（JC 475—2004）规定的试验条件成型的试件，在恒负温条件下养护的温度。施工使用的最低气温可比规定温度低5℃
（2）防冻剂运到工地（或混凝土搅拌站），首先应检查是否有沉淀、结晶或结块，检验项目应包括密度（或细度），R_{-7}、R_{+28}抗压强度比，钢筋锈蚀试验，合格后方可使用。
（3）掺防冻剂混凝土所用原材料，宜选用硅酸盐水泥、普通硅酸盐水泥。水泥存放期超过3个月时，使用前必须进行强度检验，合格后方可使用；粗、细骨料必须清洁，不得含有冰、雪等冻结物及易冻裂的物质。</td></tr>
</table>

续表

项目	说明
应用要点	（4）掺防冻剂混凝土的质量控制： ①混凝土浇筑后，在结构最薄弱和易冻的部位，应加强保温防冻措施，并应在有代表性的部位或易冷却的部位布置测温点。 ②掺防冻剂混凝土的质量，应满足设计要求，并应在浇筑地点制作一定数量的混凝土试件进行强度试验。其中一组试件应在标准条件下养护，其余放置在工程条件下养护

（8）膨胀剂

膨胀剂的主要品种有：硫铝酸钙类；硫铝酸钙—氧化钙类；氧化钙类。其适用范围和应用要点见表2-3-11。

膨胀剂的适用范围和应用要点

表2-3-11

<table>
<tr><th>项目</th><th colspan="2">说明</th></tr>
<tr><td rowspan="6">适用范围</td><td colspan="2">膨胀剂的适用范围　　表2-3-11A</td></tr>
<tr><td>用途</td><td>适用范围</td></tr>
<tr><td>补偿收缩混凝土</td><td>地下、水中、海水中、隧道等构筑物、大体积混凝土（除大坝外）。配筋路面和板、屋面与厕浴间防水、构件补强、渗漏修补、预应力钢筋混凝土、回填槽等</td></tr>
<tr><td>填充用膨胀混凝土</td><td>结构后浇缝、隧洞堵头、钢管与隧道之间的填充等</td></tr>
<tr><td>填充用膨胀砂浆</td><td>机械设备的底座灌浆、地脚螺栓的固定、梁柱接头、构件补强、加固</td></tr>
<tr><td>自应力混凝土</td><td>仅用于常温下使用的自应力钢筋混凝土压力管</td></tr>
<tr><td>应用要点</td><td colspan="2">（1）掺硫铝酸钙类、硫铝酸钙—氧化钙类膨胀剂配制的膨胀混凝土（砂浆），不得用于长期环境温度为80℃以上的工程。
（2）含氧化钙类膨胀剂配制的膨胀混凝土（砂浆），不得用于海水或有侵蚀性水的工程。
（3）掺膨胀剂的混凝土适用于钢筋混凝土工程和填充性混凝土工程。</td></tr>
</table>

续表

<table>
<tr><th>项目</th><th>说明</th></tr>
<tr><td>应用要点</td><td>(4) 掺膨胀剂的大体积混凝土，其内部最高温度应符合有关标准的规定，混凝土内外温差宜小于25℃。
(5) 掺膨胀剂的补偿收缩混凝土刚性屋面宜用于南方地区，其设计、施工应按《屋面工程质量验收规范》(GB 50207—2002) 执行。
(6) 掺膨胀剂混凝土对原材料的要求：
膨胀剂：应符合《混凝土膨胀剂》(JG 476—2001) 标准的规定，膨胀剂运到工地（或混凝土搅拌站）应进行限制膨胀率检测，合格后方可入库、使用。
水泥：应符合现行通用的水泥国家标准，不得使用硫铝酸盐水泥、铁铝酸盐水泥和高铝水泥。
(7) 掺膨胀剂的混凝土的配合比设计：
胶凝材料最少用量（水泥、膨胀剂和掺合料的总量）应符合表 2-3-11B 的规定。水胶比不宜大于 0.5。

胶凝材料最少用量　　表 2-3-11B
<table><tr><th>膨胀混凝土种类</th><th>胶凝材料最少用量（kg/m³）</th></tr><tr><td>补偿收缩混凝土</td><td>300</td></tr><tr><td>填充用膨胀混凝土</td><td>350</td></tr><tr><td>自应力混凝土</td><td>500</td></tr></table>
(8) 用于抗渗的膨胀混凝土的水泥用量应不小于320kg/m³，当掺入掺合料时，其水泥用量不应小于280kg/m³。
(9) 补偿收缩混凝土的膨胀剂掺量不宜大于 12%，不宜小于 7%。填充用膨胀混凝土的膨胀剂掺量不宜大于 15%，不宜小于 10%。
设基准混凝土配合比中水泥用量为 C_0，膨胀剂取代水泥率为 K，掺合料用量为 F，则：
膨胀剂用量 $E = C_0K$ 或 $E = (C_0 + F)K$
(10) 其他外加剂用量的确定方法：膨胀剂可与其他混凝土外加剂复合使用，应有好的适应性，与氯盐类外加剂复合使用；外加剂品种和掺量应通过试验确定</td></tr>
</table>

注：近年来膨胀剂使用日渐减少。实践证明掺膨胀剂后的混凝土要求养护条件较高，且质量并不比未掺膨胀剂的混凝土要好。质量提高的关键是要提高混凝土整体施工水平。

（9）钢筋阻锈剂

能抑制或减轻混凝土中钢筋或其他预埋金属锈蚀的外加剂称作阻锈剂，其品种和适用范围见表2-3-12。

阻锈剂的品种和适用范围　表 2-3-12

项目	说明
品种	1. 亚硝酸钠 亚硝酸钠（$NaNO_2$）是最早发现和最常使用的阻锈剂。 2. 工业亚硝酸钠 作为钢筋阻锈剂，用得最多也最有效的是亚硝酸盐。 3. 亚硝酸钙 亚硝酸钙［$Ca(NO_2)_2$］通常为40%浓度溶液。 4. 其他阻锈剂成分 无机盐类中氯化亚锡（SnCl），掺量1.5%，氯化亚铁（FeCl）、铬酸钾、硫代硫酸钠、氟铝酸钠、氟硅酸钠，均有阻锈作用，掺量为0.5%～1.0%
适用范围	1. 以氯离子为主的腐蚀性环境中，如海洋及沿海、盐碱地、盐湖地区及受冰冻或其他盐类侵害的钢筋混凝土建筑物或构筑物。 2. 工业和民用建筑使用环境中遭受腐蚀性气体或盐类作用的新老钢筋混凝土建筑物或构筑物。 3. 施工过程中，腐蚀有害成分可能混入混凝土内部的条件下，如使用海砂且含盐量（以NaCl计）在0.04%～0.3%范围内时，或施工用水含 Cl^- 量在200～3000mg/L时，掺氯盐作为早强防冻剂时，以及用工业废料作为水泥掺合料而其中含有害成分或明显降低混凝土的碱度时

2.3.3　掺用各种外加剂的混凝土性能

（1）掺各种外加剂的混凝土性能见表2-3-13。

（2）掺防冻剂、泵送型防冻剂混凝土性能，见表2-3-14。

掺各种外加剂的混凝土性能 表 2-3-13

项目 \ 外加剂种类		缓凝剂	缓凝减水剂	缓凝高效减水剂	早强剂	早强减水剂	普通减水剂	高效减水剂	引气型高效减水剂	引气剂	引气减水剂
减水率（%）		—	≥8	≥18	—	≥8	≥8	≥18	≥18	≥6	≥10
含气量（%）		—	≤5.5	≤5.5	—	≤4.0	≤4.0	≤4.0	≥30	≥3.0	≥3.0
泌水率比（%）		≤100	≤100	≤100	≤100	≤100	≤100	≤95	≤70	≤80	≤80
凝结时间差（min）	初凝	≥ +90[①]	≥ +90	≥ +90	-90 ~ +90	-90 ~ +90	-90 ~ +120	-90 ~ +120	-90 ~ +120	-90 ~ +120	-90 ~ +120
	终凝	—	—	—	-90 ~ +90	-90 ~ +90	-90 ~ +120	-90 ~ +120	-90 ~ +120	-90 ~ +120	-90 ~ +120
抗压强度比（%）	1d	—	—	—	≥125	≥130	—	≥130	—	—	—
	3d	≥90	≥100	≥120	≥120	≥120	≥110	≥120	≥120	≥80	≥110
	7d	≥90	≥100	≥115	≥105	≥110	≥110	≥115	≥115	≥80	≥110
	28d	≥90	≥105	≥110	≥95	≥100	≥105	≥110	≥110	≥80	≥100
28d 的收缩率（%）		≤135	≤135	≤135	≤135	≤135	≤135	≤135	≤135	≤135	≤135
抗冻性能（相对耐久性）		≥60[②]（冻 200）	≥60（冻 200）	≥60（冻 200）	≥60（冻 200）	≥60（冻 200）	≥60（冻 200）	≥60（冻 200）	≥60（冻 200）	≥60（冻 200）	≥60（冻 200）
对钢筋锈蚀作用		应说明对钢筋有无锈蚀危害									

注：①目前掺缓凝剂的混凝土，其缓凝时间可更长。

②“≥60（冻 200）”表示将 28d 龄期的受检混凝土试件冻融循环 200 次以后，冻弹性模量保留值不小于 60%；一般情况下，本表所规定外加剂的相对耐久性不作为控制指标，但当该外加剂用于有抗冻融要求的混凝土时，必须满足此要求。

掺防冻剂、泵送型防冻剂混凝土性能

表 2-3-14

<table>
<tr><th colspan="2">外加剂种类
项目</th><th colspan="3">防冻剂</th><th colspan="3">泵送型防冻剂①</th></tr>
<tr><td colspan="2">减水率（%）</td><td colspan="3">≥8</td><td colspan="3">≥8</td></tr>
<tr><td colspan="2">含气量（%）</td><td colspan="3">≥2.0</td><td colspan="3">≥2.0</td></tr>
<tr><td colspan="2">泌水率比（%）</td><td colspan="3">≤100</td><td colspan="3">≤100</td></tr>
<tr><td colspan="2">压力泌水率（%）</td><td colspan="3">—</td><td colspan="3">≤95</td></tr>
<tr><td rowspan="2">坍落度保留值（mm）</td><td>30min</td><td colspan="3">—</td><td colspan="3">≥120</td></tr>
<tr><td>60min</td><td colspan="3">—</td><td colspan="3">≥100</td></tr>
<tr><td rowspan="2">凝结时间差（min）</td><td>初凝</td><td colspan="3">-120 ~ +120</td><td colspan="3">-120 ~ +120</td></tr>
<tr><td>终凝</td><td colspan="3">-120 ~ +120</td><td colspan="3">-120 ~ +120</td></tr>
<tr><td rowspan="5">抗压强度比（%）</td><td>规定温度②（℃）</td><td>-5</td><td>-10</td><td>-15</td><td>-5</td><td>-10</td><td>-15</td></tr>
<tr><td>R_{-7}</td><td>≥20</td><td>≥12</td><td>≥10</td><td>≥20</td><td>≥12</td><td>≥10</td></tr>
<tr><td>R_{28}</td><td>≥90</td><td>≥90</td><td>≥85</td><td>≥90</td><td>≥90</td><td>≥85</td></tr>
<tr><td>R_{-7+28}</td><td>≥90</td><td>≥85</td><td>≥80</td><td>≥90</td><td>≥85</td><td>≥80</td></tr>
<tr><td>R_{-7+56}</td><td>≥100</td><td>≥100</td><td>≥100</td><td>≥100</td><td>≥100</td><td>≥100</td></tr>
<tr><td colspan="2">28d 收缩率比（%）</td><td colspan="3">≤120</td><td colspan="3">≤120</td></tr>
<tr><td colspan="2">抗渗压力（或高度比）（%）</td><td colspan="3">≥100（或≤100）</td><td colspan="3">≥100（或≤100）</td></tr>
<tr><td rowspan="2">抗冻性能</td><td>50 次冻融强度损失率（%）</td><td colspan="3">≤100</td><td colspan="3">≤100</td></tr>
<tr><td>相对耐久性③</td><td colspan="3">≥60（冻 200）</td><td colspan="3">≥60（冻 200）</td></tr>
<tr><td colspan="2">对钢筋锈蚀作用</td><td colspan="6">应说明对钢筋有无锈蚀危害</td></tr>
</table>

注：①泵送型防冻剂检验按照《混凝土防冻剂》（JC475—2004）的标准进行，但受检混凝土初始坍落度应控制在 210±10mm 以内。

②表中规定温度为受检验混凝土在负温养护时的温度。

③"≥60（冻 200）"表示将 28d 龄期的受检混凝土试件冻融循环 200 次以后，冻弹性模量保留值不小于 60%；一般情况下，本表所规定外加剂的相对耐久性不作为控制指标，但当该外加剂用于有抗冻融要求的混凝土时，必须满足此要求。

（3）掺速凝剂水泥净浆及水泥砂浆性能，见表2-3-15。

掺速凝剂水泥净浆及水泥砂浆的性能

表 2-3-15

净浆凝结时间（min）		水泥砂浆		速凝剂	
初凝	终凝	1d 抗压强度（MPa）	28d 抗压结度比（%）	细度（8μm 筛筛余）（%）	含水率（%）
≤5	≤10	≥7	≥70	≤15	≤2.0

2.4 矿物掺合料

矿物掺合料，指以氧化硅、氧化铝为主要成分，在混凝土中可以代替部分水泥，改善混凝土性能，且掺量不小于5%的具有火山灰活性的粉体材料。使用矿物细掺合料必须经认真试验后选用。

2.4.1 矿物掺合料的分类

矿物质混合材料通常分为两类。一类是水硬性混合材料，它具有在水中硬化的性质，如粒状高炉矿渣、粉煤灰、硅灰、凝灰岩、沸石粉、火山灰、烧结土、硅藻土、页岩渣粉等。

另一类是非水硬性混合材料，它能在常温、常压下和其他物质不起或只起很弱的化学反应，因此在混凝土中主要是起填充和降低水泥强度等级的作用，如石英砂粉、石灰岩粉、黏土等。

2.4.2 矿物掺合料的技术要求

（1）粉煤灰

粉煤灰是从燃煤电厂的锅炉烟气中收集到的细粉

末。按其品质分为Ⅰ、Ⅱ、Ⅲ三个等级，质量指标应满足表2-4-1。

粉煤灰质量标准　　　表2-4-1

序号	指标	粉煤灰级别		
		Ⅰ	Ⅱ	Ⅲ
1	细度（0.045mm方孔筛的筛余）不大于	12	20	45
2	烧失量（%）不大于	5	8	15
3	吸水量比（%）不大于	95	105	115
4	三氧化硫（%）不大于	3	3	3
5	含水率（%）不大于	1	1	不规定

注：1. 指标适用于一般工业与民用建筑结构和构筑物中掺粉煤灰的混凝土和砂浆。

2. Ⅰ级粉煤灰允许用于后张预应力混凝土构件及跨度小于6m的先张预应力混凝土构件。Ⅱ级粉煤灰主要用于普通钢筋混凝土和轻骨料钢筋混凝土。经过专门试验，或与减水剂复合，也可当Ⅰ级灰使用。Ⅲ级粉煤灰主要用于无筋混凝土和砂浆。经过专门试验，也可用于钢筋混凝土。

（2）沸石粉

沸石粉是用天然沸石粉配以少量无机物经细磨而成，沸石的主要成分为 SiO_2（60%～61%）和 Al_2O_3（12%～14%），是一种良好的火山灰质材料。沸石粉的性能和技术要求见表2-4-2。

沸石粉性能和技术要求　表 2-4-2

<table>
<tr><th>项目</th><th colspan="4">说明</th></tr>
<tr><td>性能</td><td colspan="4">用于高性能混凝土的超细沸石粉，与其他火山灰质掺合料类似，平均粒径小于 10μm，具有微填充效应与火山灰活性效应，因而能降低新拌混凝土的泌水与离析，提高混凝土的密实性，使强度提高、耐久性改善。一般在 C60 以上的混凝土中作掺合料用</td></tr>
<tr><td rowspan="6">技术要求</td><td colspan="4">沸石粉技术要求　表 2-4-2A</td></tr>
<tr><td>质量等级
试验项目</td><td>Ⅰ级</td><td>Ⅱ级</td><td>Ⅲ级</td></tr>
<tr><td>吸铵值（meq/100g）</td><td>≥130</td><td>≥100</td><td>≥90</td></tr>
<tr><td>细度（0.08mm 筛筛余）（%）</td><td>≤4.0</td><td>≤10</td><td>≤15</td></tr>
<tr><td>沸石粉水泥胶砂需水量比（%）</td><td>≤125</td><td>≤120</td><td>≤120</td></tr>
<tr><td>活性指数（28d）（%）</td><td>≥75</td><td>≥70</td><td>≥62</td></tr>
</table>

（3）硅粉

硅粉是铁合金厂在冶炼硅铁合金或金属硅时，从烟尘中收集的一种飞灰。硅粉的主要成分为无定型 SiO_2。

硅粉能与水泥水化产生的 $Ca(OH)_2$ 起反应生成 C-S-H 凝胶。由于硅粉 SiO_2 含量极高（通常用于高强混凝土中的硅粉的 SiO_2 含量高达 85% 以上），因此对混凝土早、中期的强度发展特别有利。此外，它还具有良好的微填充效应，使混凝土的孔结构充分致密。以上两大特性使得含有硅粉的高性能混凝土的强度与耐久性显著提高。

硅灰品质应满足表 2-4-3 要求。

硅灰的质量标准　　　　表 2-4-3

SiO_2 含量(%)	烧失量(%)	需水量比(%)	活性指数(28d)(%)
≥85	≤6.0	≤125	≥85

（4）磨细矿渣

把水淬粒状高炉矿渣单独磨细到比表面积 4000cm^2/g 以上，称为磨细矿渣。用它作为混凝土的掺合料使用，活性可以得到很好的激发，混凝土多项性能得到改善和提高，成为配制高性能混凝土的重要技术途径之一。

提高磨细矿渣粉对水泥的置换率，充分利用后期强度，不仅具有经济效益，还能降低水化热，对于大体积混凝土是十分有益的。其次，掺磨细矿渣粉的高性能混凝土对抑制碱骨料反应也是十分有效的。

粒化高炉磨细矿渣粉技术指标应满足表 2-4-4 要求。

磨细矿渣质量标准　　　　表 2-4-4

试验项目＼质量等级		S105 级	S95 级	S75 级
密度（g/cm^3）		≥2.8		
比表面积（m^2/kg）		≥350		
活性指数（%）	7d	≥95	≥75	55
	28d	≥105	≥95	75
流动度（%）		≥85	≥90	95
含水量（%）		≤1.0		
烧失量（%）		≤3.0		

注：1. 当掺加石膏或其他助磨剂应在报告中注明其种类及掺量。

2. *S* 值为掺合料的活性指标，按照《用于水泥混合材料的工业废渣活性试验方法》（GB/T 12957—2005）规定的活性评定方法进行。

2.5 水

2.5.1 混凝土拌合用水分类

（1）生活饮用水和地表及地下水

一般符合国家标准的生活饮用水，可直接用于拌制各种混凝土。地表水和地下水首次使用前，应按有关标准进行检验后方可使用。

（2）海水

海水可用于拌制素混凝土，但不得用于拌制钢筋混凝土和预应力混凝土。有饰面要求的混凝土也不应用海水拌制。

（3）工业废水

工业废水经检验合格后方可用于混凝土，否则需经过适当处理。如果用混凝土生产厂及商品混凝土厂搅拌设备的洗刷水，作为拌合混凝土的部分用水，要注意洗刷水所含水泥和外加剂品种对所拌合混凝土的影响，且最终拌合水中氯化物、硫酸盐及硫化物的含量应满足表2-5-1的规定。

混凝土拌合用水水质要求　表2-5-1

项目	预应力混凝土	钢筋混凝土	素混凝土
pH值	≥0.5	≥4.5	≥4.5
不溶物(mg/L)	≤2000	≤2000	≤5000
可溶物(mg/L)	≤2000	≤5000	≤10000
氯化物(以 Cl^- 计)(mg/L)	≤500	≤1000	≤3500
硫酸盐(以 SO_4^{2-} 计)(mg/L)	≤600	≤2700	≤2700
碱含量(mg/L)	≤1500	≤1500	≤1500

注：碱含量按 $Na_2O+0.658K_2O$ 计算值来表示。采用非碱活性骨料时，可不检验碱含量。

2.5.2 技术要求

（1）所用于拌合混凝土的拌合用水所含物质对混凝土、钢筋混凝土和预应力混凝土不应产生影响混凝土的和易性和凝结；有损于混凝土的强度发展；降低混凝土的耐久性，加快钢筋腐蚀及导致预应力钢筋脆断；污染混凝土表面等有害作用。

（2）采用待检验水和蒸馏水或符合国家标准的生活用水，试验所得的水泥初凝时间差及终凝时间差均不得大于标准规定时间的30min。

（3）采用待检验水配制的水泥砂浆或混凝土的28d抗压强度，不得低于用蒸馏水或符合国家标准的生活饮用水拌制的对应砂浆或混凝土抗压强度的90%。若有早期抗压强度要求时，需增加7d的抗压强度试验。

（4）水的pH值，不溶物、可溶物、氯化物、硫酸盐、碱含量应符合表2-5-1的要求。

2.6 其他

2.6.1 隔离剂

隔离剂（又叫脱模剂）是用于减小混凝土与模板粘着力，易于使二者脱离而不损坏混凝土的外用剂。其品种和技术要求见表2-6-1。

隔离剂的品种和技术要求　表2-6-1

项目	说明
品种	（1）海藻酸钠1.5kg，滑石粉20kg，洗衣粉1.5kg，水80kg，将海藻酸钠先浸泡2～3d，再与其他材料混合，调制成白色隔离剂。常用于涂刷钢模。缺点是每涂一次不能多次使用，在冬期、雨期施工时，缺少防冻防雨的有效措施。

续表

项目	说明
品种	（2）乳化机油（又名皂化石油）50%～55%，水（60～80℃）40%～45%，脂肪酸（油酸、硬脂酸或棕榈脂酸）1.5%～2.5%，石油产物（煤油或汽油）2.5%，磷酸（85%浓度）0.01%，苛性钾0.02%，按上述质量比，先将乳化机油加热到50～60℃，并将硬脂酸稍加粉碎然后倒入已加热的乳化机油中，加以搅拌，使其溶解（硬脂酸溶点为50～60℃），再加入一定量的热水（60～80℃），搅拌至成为白色乳液为止。最后将一定量的磷酸和苛性钾溶液倒入乳化液中，并继续搅拌，改变其酸度或碱度。使用时用水冲淡，按乳液与水的质量比为1:5用于钢模，按1:5或1:10用于木模。 （3）长效隔离剂： ①不饱和聚酯树脂:甲基硅油:丙酮:环已酮:萘酸钴=1:（0.01～0.15）:（0.30～0.50）:（0.03～0.04）:（0.015～0.02），每平方米模板用料则依次为（g）:60:6:30:2:1。 ②6101号环氧树脂:甲基硅油:苯二甲酸二丁酯:丙酮:乙二胺=1:（0.10～0.15）:（0.05～0.06）:（0.05～0.08）:（0.10～0.15），每平方米模板用料依次为（g）:60:9:3:3:6。 ③低沸水质有机硅，按有机硅水解物:汽油=1:10调制，每平方米模板用50g。采用长效隔离剂，必须预先进行配合比试验。底层必须干透，才能刷第二层。涂刷一次隔离剂，一般模板可以使用10次左右，不用清理，但价格较贵，涂刷也较复杂
技术要求	（1）具有较好的耐水性、防锈性和速干性。 （2）不渗入混凝土制品表层而影响混凝土制品性能，也不致在混凝土表面留下斑迹。 （3）对混凝土表面的装修工序无影响。 （4）毋需每次清理模板，并能多次连续使用。 （5）配制和涂刷工艺简便，操作安全，无毒害。 （6）原材料来源丰富，价格低廉

2.6.2 养护剂

对刚成型混凝土不采取洒水养护，而是采用养护液进行保持潮湿养护的外加剂称作养护剂。无法用传统办法实现潮湿养护时，喷刷养护剂就起到了不可代替的作用。

常用的养护剂有氯偏、水玻璃、乙烯基二氧乙烯共聚物、沥青乳剂、过氯乙烯浮液等。

3 施工机具

3.1 混凝土搅拌机具

3.1.1 搅拌机

常用的混凝土搅拌机按其搅拌原理主要分为自落式搅拌机和强制式搅拌机两种。

(1) 自落式搅拌机

自落式搅拌机按其形式和卸料方式又分为鼓筒式（图3-1-1）、锥形反转出料式（图3-1-2）、锥形倾翻出料式（图3-1-3），其中鼓筒式为逐渐淘汰产品。

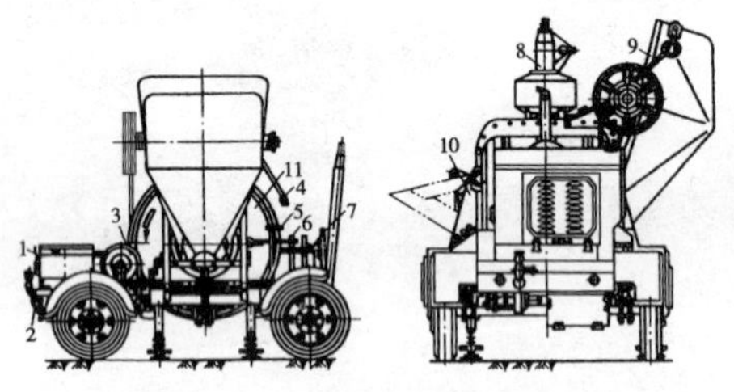

图3-1-1 JG250型混凝土搅拌机示意图

1—动力箱；2—水泵；3—进料斗提升离合器；4—加水控制手柄；5—进料斗提升手柄；6—进料斗下降手柄；7—出料手轮；8—配水箱；9—料斗；10—出料槽；11—搅拌鼓筒

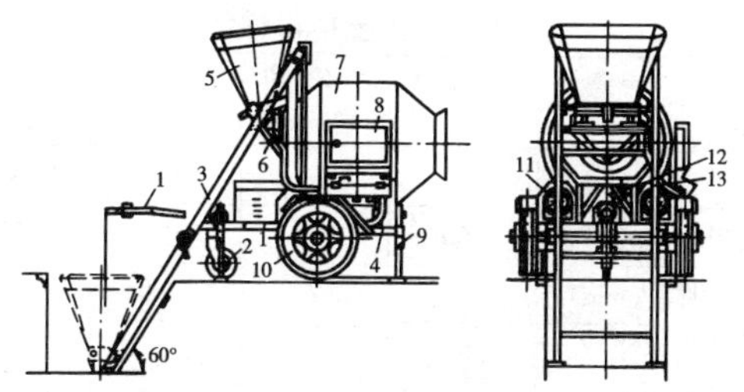

图 3-1-2　JZ350 型混凝土搅拌机示意图

1—牵引架；2—前支轮；3—上料架；4—底盘；5—料斗；6—中间料斗；7—锥形搅拌筒；8—电器箱；9—支腿；10—行走轮；11—搅拌动力和传动机构；12—供水系统；13—卷扬系统

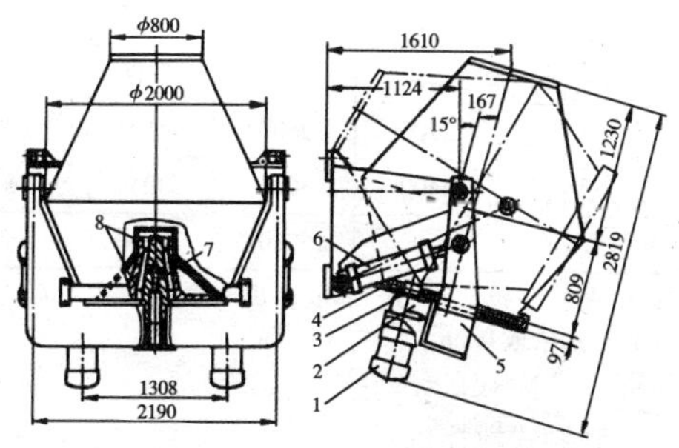

图 3-1-3　JF1000 型锥形倾翻搅拌机

1—电动机；2—行星摆线减速器；3—小齿轮；4—倾翻机架；5—大齿轮；6—倾翻气缸；7—锥轴；8—单列圆锥滚柱轴承

常用自落式搅拌机性能见表 3-1-1。

常用自落式搅拌机性能　　表3-1-1

项目 \ 型号		J1—250 自落式	JGZR350 自落式	JZC350 双锥自落式	J1—400 自落式
进料容量（L）		250	560	560	400
出料容量（L）		160	350	350	260
拌合时间（min）		2	2	2	2
平均搅拌能力（m^3/h）		3~5		12~14	6~12
拌筒尺寸（直径×长×宽）（mm）		1218×960	1447×1096	1560×1890	1447×1178
拌筒转速（r/min）		18	17.4	14.5	18
电动机	kW	5.5		5.5	7.5
	r/min	1440		1440	1450
配水箱容量（L）		40			65
外形尺寸（mm）	长	2280	3500	3100	3700
	宽	2200	2600	2190	2800
	高	2400	3000	3040	3000
整机质量（kg）		1500	3200	2000	3500

注：估算搅拌机的产量，一般以出料系数表示，其数值为0.55~0.72，通常取0.66。

（2）强制式搅拌机

强制式搅拌机分为立轴强制式和卧轴强制式两种，其中卧轴式又有单卧轴和双卧轴之分。

强制式搅拌机的鼓筒筒内有若干组叶片，搅拌时叶片绕竖轴或卧轴旋转，将材料强行搅拌，直至搅拌均匀。这种搅拌机多用于集中搅拌站。外形参见图3-1-4，构造见图3-1-5。

常用强制式搅拌机性能见表3-1-2。

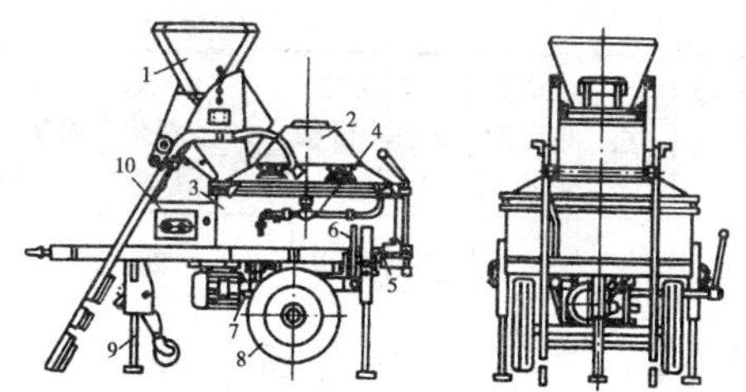

图 3-1-4 JQ250 型强制式混凝土搅拌机示意图

1—进料斗；2—拌筒罩；3—搅拌筒；4—水表；5—出料口；6—操作手柄；7—传动机构；8—行走轮；9—支腿；10—电器工具箱

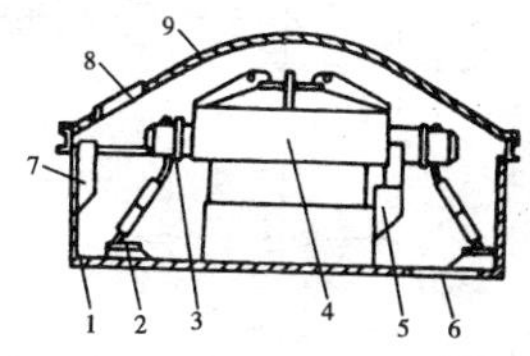

图 3-1-5 涡浆式强制搅拌机构造图

1—搅拌盘；2—搅拌叶片；3—搅拌臂；4—转子；5—内壁铲刮叶片；6—出料口；7—外壁铲刮叶片；8—进料口；9—盖板

常用强制式搅拌机性能　　表 3-1-2

型号 项目	J4—375 强制式	JD250 单卧轴 强制式	JS350 双卧轴 强制式	JD500 单卧轴 强制式	TQ500 强制式	JW500 涡桨 强制式	JW1000 涡桨 强制式	S4S1000 双卧轴 强制式
进料容量（L）	375	400	560	800	800	800	1600	1600
出料容量（L）	250	250	350	500	500	500	1000	1000
拌合时间（min）	1.2	1.5	2	2	1.5	1.5～2.0	1.5～3.0	3.0

续表

项目 \ 型号		J4—375 强制式	JD250 单卧轴 强制式	JS350 双卧轴 强制式	JD500 单卧轴 强制式	TQ500 强制式	JW500 涡桨 强制式	JW1000 涡桨 强制式	S4S1000 双卧轴 强制式
平均搅拌能力(m^3/h)		12.5	12.5	17.5~21	25.30	20	20		60
拌筒尺寸(直径×长×宽)(mm)		1700×500				2040×650	2042×646	3000×830	
拌筒转速(r/min)			30	35	26	28.5	28	20	36
电动机	kW	10	11	15	5.5	30	30	55	
	r/min	1450	1460				980		
配水箱容量(L)						2020			
外形尺寸(mm)	长	4000	4340	4340	4580	2375	6150	3900	3852
	宽	1865	2850	2570	2700	2138	2950	3120	2385
	高	3120	4000	4070	4570	1650	4300	1800	2465
整机质量(kg)		2200	3300	3540	4200	3700	5185	7000	6500

注：估算搅拌机的产量，一般以出料系数表示，其数值为0.55~0.72，通常取0.66。

3.1.2 搅拌设备使用注意事项

（1）现场搅拌站必须考虑工程任务大小、施工现场条件、机具设备等情况，因地制宜设置。一般宜采用流动性组合方式，使所有机械设备采取装配连接结构，基本能做到拆装、搬运方便，有利于建筑工地转移。搅拌站的设计尽量做到自动上料、自动称量、机动出料和集中操纵控制，有相应的环境保护措施，使搅拌站后台上料作业走向机械化、自动化生产。

（2）搅拌机停放的场地应有良好的排水条件，机械旁应有水源，机棚内应有良好的通风、采光及防雨、防冻条件，并不得积水。

（3）固定式搅拌机应设在可靠的基础上。移动式搅拌机设在平坦坚硬的地坪上，并用方木或撑架支牢，保持水平。

（4）电源接通后，必须仔细检查，经2~3min空车试转认为合格后，方可使用。主要应校验拌筒转速是否合适，一般空车速度比重车（装料后）稍快2~3转，如相差较多，应进行调整。

（5）拌筒的旋转方向应符合箭头指示方向，如不符时，应更正电机接线。

（6）检查传动离合器和制动器是否灵活可靠，钢丝绳有无损坏，轨道滑轮是否良好，周围有无障碍及各部位的润滑情况等。

3.2　混凝土运输机具

混凝土运送设备应根据结构物特点、混凝土浇灌量、运距、现场道路情况及现有机具设备等条件确定。混凝土运输分为地面水平运输和垂直运输。

3.2.1　混凝土水平运输机具

混凝土水平运输，短距离多用单、双手推车、机动翻斗车、轻轨翻斗车、皮带运输机；长距离则用自卸汽车、混凝土搅拌运输车等。目前常用的水平运输设备及其适用范围见表3-2-1。

常用混凝土拌合物水平运输设备

表 3-2-1

项次	设备名称	容积(m^3)	运距(m)	适用范围
1	单、双轮手推车	0.1~0.12	30~50	施工现场、露天预制厂，也可配合井架、塔吊等作垂直运输用
2	机动翻斗车	0.4	100~300	短距离施工现场、露天预制厂
3	皮带运输机		<50	浇灌量大、浇灌速度比较稳定的大型设备基础，或现场地形起伏不平未筑施工道路的工地，也可作角度不大于15°的斜向运输以代替垂直运输
4	自卸汽车	1.5~2.5	500~2000	远距离大用量的工地或预制厂
5	混凝土搅拌运输车	1.5~6.0	10000	远距离商品混凝土运输
6	混凝土输送泵		200~500水平 50~100(垂直)	用于大型设备基础、高层建筑等工程作水平与垂直运输

混凝土搅拌运输车是一种用于长距离输送混凝土的高效能机械，将运送混凝土的搅拌筒安装在汽车底盘上，从混凝土搅拌站生产的混凝土拌合物灌装入搅拌筒内，直接运至施工现场，供浇筑作业需要。在运输途中，混凝土搅拌筒始终不停地慢速转动，从而使筒内的混凝土拌合物可以连续得到搅动，以保证混凝土在长途运输后，仍不致产生离析现象。当运输距离很长时，也可将混凝土干料装入筒内，在运输途中加水搅拌，这样能减少由于长途运输而引起的混凝土坍落度损失。

目前常用的混凝土搅拌车及其性能见表3-2-2。

混凝土搅拌输送车技术参数参考表 **表 3-2-2**

项目 \ 型号		JC—2 型	JBC—1.5C	JBC—1.5E	JBC—3T	MR45	MR45—T	MR60—S	TY—3000	TATRA	FV112 JML	JC6Q（JC7Q、JC8Q）
拌筒容积（m^3）		5.7				8.9	8.9		5.7	10.25	8.9	19.3（10.4、11.8）
搅动能力（m^3）		2	1.5	1.5	3～4.5	6	6	8	5	4.5	5	
最大搅拌能力（m^3）						4.5	4.5	6				
拌筒尺寸（直径×长）（mm）									2020×2813		2100×3610	
拌筒转速（r/min）	运行搅拌		2～4	2～4	2～3	2～4	2～5		2～4		8～12	5（5、15）
	进出料搅拌		6～12	8～14	8～12	8～12	8～12		6～12		10～14	
卸料时间（min）		1～2	1.3～2	1.1～2	3～5	3～5	3～5	3～6		3～5	2～5	5～9

续表

项目 \ 型号		JC—2型	JBC—1.5C	JBC—1.5E	JBC—3T	MR45	MR45—T	MR60—S	TY—3000	TATRA	FV112 JML	JC6Q（JC7Q、JC8Q）
最大行驶速度（km/h）			70			86		96		60	91	
最小转弯半径（m）			9					7.8			7.2	
爬坡能力（°）			20					26			26	
外形尺寸（mm）	长	7400				7780	8615	8465	7440	8400	7900	8620
	宽	2400				2490	2500	2480	2400	2500	2490	3650
	高	3400				3730	3785	3940	3400	3500	3550	2500
质量（t）		12.55				总量 24.64	14.4	19.2	9.5	总量 22	9.8	
产地		上海华东建筑机械厂	一冶机械修配厂	一冶机械修配厂	一冶机械修配厂	上海华东建筑机械厂	上海华东建筑机械厂	上海华东建筑机械厂		捷克	日本三菱	北京城建工程机械厂

图 3-2-1 为全液压驱动中型搅拌输送车的结构外形。

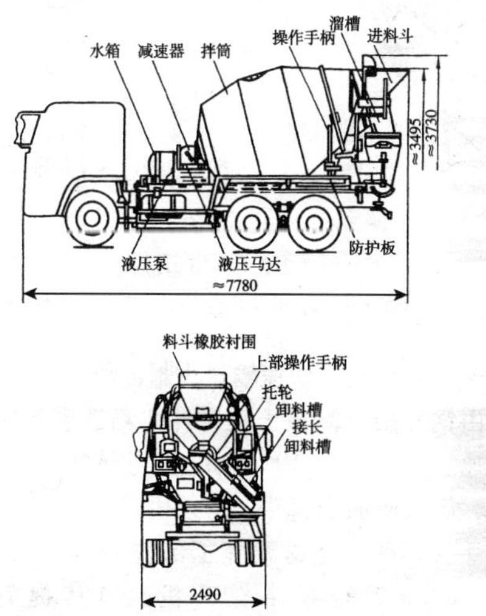

图 3-2-1　MR4500 型搅拌输送车外形结构

3.2.2　混凝土垂直运输机具

混凝土垂直运输可用各种井架、提升机、施工电梯、塔式起重机以及汽车式混凝土泵等，并配合采用钢吊斗等容器来装运混凝土。

（1）井架

井架又称高车架，主要由井架、拔杆、卷扬机、吊盘、自动倾卸吊斗及缆风绳等组成，具有一机多用、构造简单、装拆方便等特点，起重高度 25 ~ 40m，见图3-2-2。

（2）井式提升机

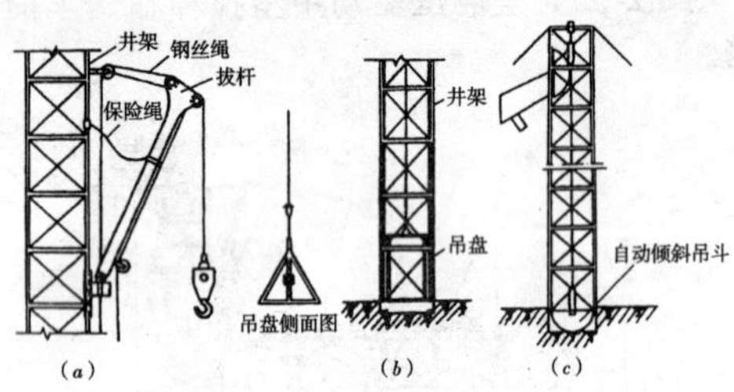

图 3-2-2　井架运输机

(a) 井架拔杆；(b) 井架吊盘；(c) 井架自动倾斜吊斗

井式提升机是供快速输送大量混凝土垂直提升的设备。其由钢井架、混凝土提升斗、高速卷扬机等组成，其提升速度可达 50～100m/min。当混凝土提升到施工楼层后，卸入楼面受料斗，再采用其他楼面水平运输工具（如手推车等）运送到施工部位浇筑。一般每台容量为 0.5m^3 ×2 的双斗提升机，当其提升速度为 75m/min，最高高度达 120m，混凝土输送能力可达 20m^3/h。

（3）混凝土泵和混凝土泵车

混凝土泵是将混凝土沿管道连续输送到浇筑工作面的一种混凝土输送机械。混凝土泵按移动方式分为固定式、拖式、汽车式等。按构造和工作原理分为活塞式、挤压式和风动式，其具体分类如下：

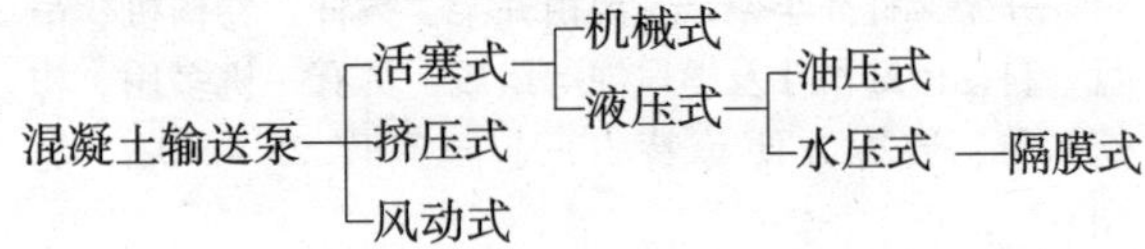

混凝土泵车是将混凝土泵装置在汽车底盘上，并用液压折叠式或伸缩式臂架（又称布料杆）管道来输送混凝土（图 3-2-3），一台泵车配 2 ~ 3 台混凝土搅拌运输车输送混凝土，以使混凝土泵能不间断地得到混凝土供应，混凝土输送泵车的主要技术性能见表 3-2-3。

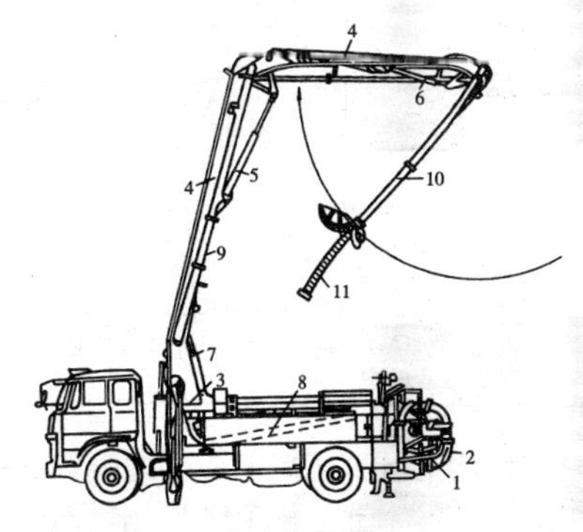

图 3-2-3 混凝土输送泵车外形

1—混凝土泵；2—输送泵；3—布料杆回转支承装置；
4—布料杆臂架；5、6、7—控制布料杆摆动的油缸；
8、9、10—输送管；11—橡胶软管

混凝土输送泵车主要技术性能　　表 3-2-3

项目	WNP65/60	WNP50/75	IPF—185B	DC—S115B	IPF—75B	BRF36.09
形式	—	—	360° 全回转三段液压折叠式	360°全回转全液压垂直三级伸缩	360° 全回转全液压三级伸缩	360°回转三级乙型
最大输送量 (m^3/h)	65	50	10 ~ 25	70	10 ~ 75	90
最大输送距离（水平 × 垂直）(m)	120 垂直	150 垂直	520 × 110	530 × 100	600 × 95	—

续表

项目	WNP65/60	WNP50/75	IPF—185B	DC—S115B	IPF—75B	BRF36.09
骨料粒径（mm）	50	50	—	40	40（砾石 50）	40
泵送压力（MPa）	6.0	7.5	4.71	—	3.87	7.5
布料杆工作半径（m）			17.4	15.8～17.7	16.5～17.4	23.7
布料杆离地高度（m）	—	—	20.7	19.3～21.2	19.8～20.7	27.4
外形尺寸(长×宽×高)（mm）	—	—	9000×2485×3280	8840×4900×3400	9470×2450×3230	10910×7200×3850
质量（t）	—	—	—	15.35	15.46	19.0
产地	北京城建工程机械厂	北京城建工程机械厂	湖北建筑机械厂	日本三菱	日本石川岛	德国普茨玛斯特

高层建筑多用固定式混凝土泵，固定式混凝土泵使用时，需用汽车将它拖带至施工地点，辅设管道进行水平和垂直混凝土泵送作业。一般最大水平输送距离为250～600m，最大垂直输送高度为150m，输送能力60m^3/h，见图3-2-4，国内常见的混凝土固定泵主要技术性能见表3-2-4。

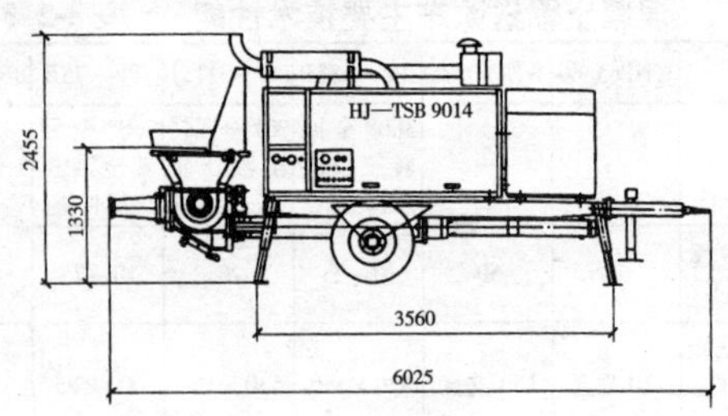

图 3-2-4　固定式混凝土泵

固定式混凝土泵技术性能　表 3-2-4

项目＼型号	HJ—TSB 9014	BSA2100 HD	BSA140 BD	PTF—650	ELBA—B5516E	DC—A800B
形式	—	卧式单动	卧式单动	卧式单动	卧式单动	卧式单动
最大液压泵压力（MPa）	—	28	32	21 ~ 10	20	13 ~ 18.5
输送能力（m^3/h）	80	97/150	85	4 ~ 60	10 ~ 45	15 ~ 80
理论输送压力（MPa）	70/110	80 ~ 130	65 ~ 97	36	93	44
骨料最大粒径（mm）	—	40	40	40	40	40
输送距离水平/垂直（m）	—	—	—	350/80	100/130	440/125
混凝土坍落度（mm）	—	50 ~ 230	50 ~ 230	50 ~ 230	50 ~ 230	90 ~ 230
缸径、冲程长度（mm）	200、1400	200、2100	200、1400	180、1150	160、1500	205、1500
缸数	双缸活塞式	双缸活塞式	双缸活塞式	双缸活塞式	双缸活塞式	双缸活塞式
加料斗容量（m^3）	0.50	0.90	0.49	0.30	0.475	0.35
动力［功率（hp）/转速（r/min）］	—	130/2300	118/2300	55/2600	75/2960	170/2000

续表

项目＼型号	HJ—TSB 9014	BSA2100 HD	BSA140 BD	PTF—650	ELBA—B5516E	DC—A800B
活塞冲程次数（次/min)	—	19.35	31.6	—	33	—
质量（t）	5.25	5.6	3.4	6.5	4.42	15.5
产地	上海华东建筑机械厂	德国普茨玛斯特	德国普茨玛斯特	日本石川岛	德车爱尔巴	日本三菱

注：hp 为英制马力，1hp = 745.7W。

混凝土泵车布料杆，是在混凝土泵车上附装的既可伸缩也可曲折的混凝土布料装置。混凝土输送管道就设在布料杆内，末端是一段软管，用于混凝土浇筑时的布料工作。图 3-2-5 是一种三折叠式布料杆混凝土浇筑范围示意图。这种装置的布料范围广，在一般情况下不需再行配管。独立式混凝土布料器见图 3-2-6。

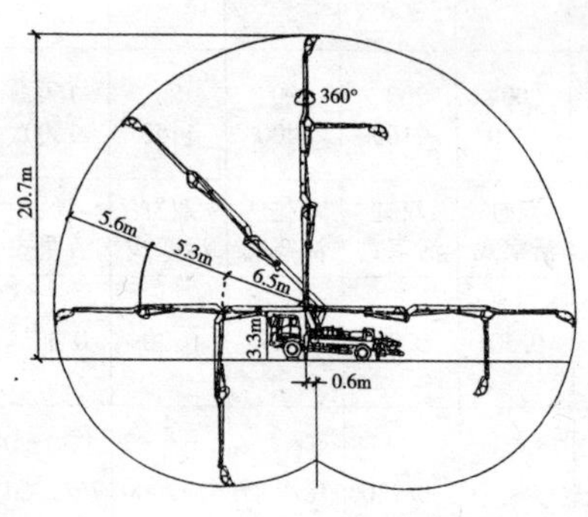

图 3-2-5　三折叠式布料杆混凝土浇筑范围

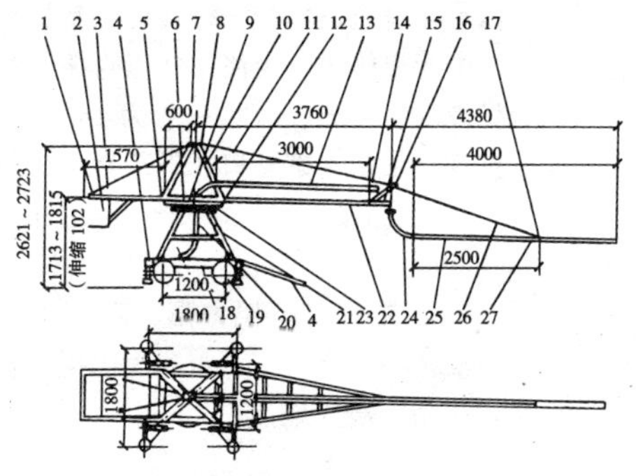

图 3-2-6　独立式混凝土布料器

1、7、8、15、16、27—卸甲轧头；2—平衡臂；3、11、26—钢丝绳；4—撑脚；5、12—螺栓、螺母、垫圈；6—上转盘；9—中转盘；10—上角撑；13、25—输送管；14—输送管轨头；17—夹子；18—底架；19—前后轮；20—高压管；21—下角撑；22—前臂；23—下转盘；24—弯管

3.2.3　钢吊斗

钢吊斗为一种混凝土水平与垂直运输的转运工具，它由塔式起重机进行吊运到浇筑地点。

（1）混凝土浇筑布料斗（图 3-2-7）

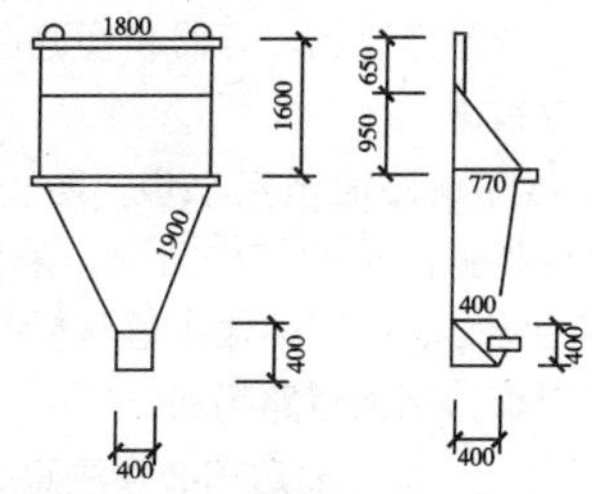

图 3-2-7　混凝土浇筑布料斗

为混凝土水平与垂直运输的一种转运工具。混凝土装进浇筑斗内，由起重机吊送至浇筑地点直接布料。浇筑斗是用钢板拼焊成畚箕式，容量一般为1m^3。两边焊有耳环，便于挂钩起吊。上部开口，下部有门，门出口为40cm×40cm，采用自动闸门，以便打开和关闭。

（2）混凝土吊斗

混凝土吊斗有圆锥形、高架方形、双向出料形等（图3-2-8），斗容量0.7～1.4m^3。混凝土由搅拌机直接装入后，用起重机吊至浇筑地点。

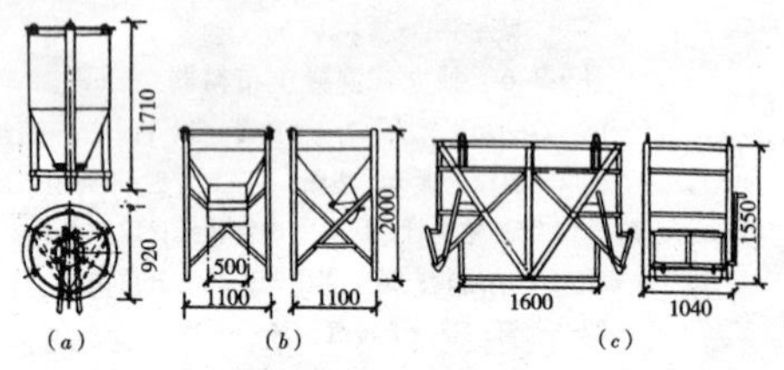

图3-2-8　混凝土吊斗

（a）圆锥形；（b）高架方形；（c）双向出料形

3.2.4　运输设备使用注意事项

（1）运送混凝土的容器和管道，应不吸水、不漏浆，并保证卸料及输送通畅。容器和管道在冬、夏期都要有保温或隔热措施。

（2）现场运输道路应坚实平坦，防止造成混凝土分层离析，并应根据浇筑的结构情况，采用环形回路，主干道与支道相结合，来回运输主道与单向支道相结合等布置方式，以保持运输道路畅通。

（3）使用混凝土搅拌输送车必须注意的事项：

1）混凝土必须在最短的时间内均匀无离析地排出，

出料干净、方便，能满足施工的要求，如与混凝土泵联合输送时，其排料速度应能相匹配。

2）从搅拌输送车运卸的混凝土中，分别取1/4和3/4处试样进行坍落度试验，两个试样的坍落度值之差不得超过3cm。

3）混凝土搅拌输送车在运送混凝土时，通常的搅动转速为2～4r/min，整个输送过程中拌筒的总转数应控制在300r以内。

4）若混凝土搅拌输送车采用干料自行搅拌混凝土时，搅拌速度一般应为6～18r/min；搅拌应从混合料和水加入搅筒起，直至搅拌结束转数应控制在70～100r。

（4）采用泵送混凝土应保证混凝土泵连续工作；输送管线宜直，转弯宜缓，接头应严密，少用锥形管；如管道向下倾斜，应防止混入空气，产生阻塞；泵送前应先用适量的与混凝土内成分相同的水泥浆或水泥砂浆润滑输送管内壁。

（5）泵送混凝土从卸料、运输到泵送完毕时间不得超过1.5h，夏季还应缩短。用混凝土搅拌运输车的运输时间应在1h以内，泵送应在45min以内，如泵送间歇延续时间超过45min或当混凝土出现离析现象时，应立即用压力水或其他方法冲洗管内残留的混凝土，保持正常输送；在泵送过程中受料斗内应具有足够的混凝土，以防止吸入空气，产生阻塞。

（6）混凝土泵车布置应注意下列条件：

1）混凝土泵设置处，应场地平整、坚实，具有重车行走条件。

2）混凝土泵应尽可能靠近浇筑地点。在使用布料杆工作时，应使浇筑部位尽可能地在布料杆的工作范围内，尽量少移动泵车。

3）多台混凝土泵或泵车同时浇筑时，选定的位置要使其各自承担的浇筑最接近，最好能同时浇筑完毕，避免留置施工缝。

4）混凝土泵或泵车布置停放的地点要有足够的场地，以保证混凝土搅拌输送车的供料、调车的方便。

3.3 混凝土浇筑振捣机具

混凝土振捣常用的机具设备有内部振动器、表面振动器、外部振动器和振动台等，根据工程结构的特点及施工条件选用。各类振捣机具的具体说明见表3-3-1。

浇筑振捣机具分类　　表3-3-1

分类	说明
插入式振动器	又称内部振动器，形式有硬管的、软管的。振动部分有锤式、棒式、片式等。振动频率有高有低。主要适用于基础、柱、梁、墙、厚度较大的板，以及预制构件的捣实工作。 当钢筋十分稠密或结构厚度很薄时，其使用就会受到一定的限制
平板式振动器	又称表面振动器，其工作部分是一钢制或木制平板，板上装一个带偏心块的电动振动器。振动力通过平板传递给混凝土，由于其振动作用深度较小，仅使用于表面积大而平整的结构物
附着式振动器	又称外部振动器，这种振动器通常是利用螺栓或钳形夹具固定在模板外侧，不与混凝土直接接触，借助模板或其他物体将振动力传递到混凝土。仅适用于振捣钢筋较密、厚度较小以及不宜使用插入式振动器的结构构件
振动台	由上部框架和下部支架、支承弹簧、电动机、齿轮同步器、振动子等组成。上部框架是振动台的台面，上面可固定放置模板，振动台只能作上下方向的定向振动，适用于混凝土预制构件的振捣

插入式、附着式及平板式振动器的技术规格，见表3-3-2、表3-3-3。

插入式振动器技术规格　　表3-3-2

项目		HZ—50A 行星式	HZ6X—30 行星式	HZ6P—70A 偏心块式	HZ6X—35 行星式	HZ6X—50 行星式	HZ—50 插入式	HZ6X—60 插入式	HZ6—50 插入式
振动棒	直径（mm）	53	33	71	35	50	50	62	50
	长度（mm）	529	413	400	468	500	500	470	500
	振动力（N）	4800～5800	2200		2500	5700	5800	9200	
	频率（次/min）	12500～14500	19000	6200	15800	14000	14000	14000	6000
	振幅（mm）	1.8～2.2	0.5	2～2.5	0.5	1.1	2.4	1.4	1.5～2.5
软轴软管	软管直径（mm）	13	10	13	10	13	12	13	13
	软管长度（m）	4	4	4	4	4	4	4	4
	软轴直径（mm）	外径36 内径20		36	外径30	外径40 内径20	42	40	42
电动机	功率（kW）	1.1	1.1	2.2	1.1	1.1	1.1	1.1	1.5
	转速（r/min）	2850	2850	2850	2850	2850	2800		2860
总质量（kg）		34	26.4	45	25	33	32.5	35.2	48

附着式及平板式振动器技术规格

表 3-3-3

项目	附着式								平板式
	B—11A	HZ2—10	HZ2—11	HZ2—4	HZ2—5	HZ2—5A	HZ2—7	HZ2—20	PZ—50	N—7
电动机（kN）	1.1	1	1.5	0.5	1.1	1.5	1.5	2.2	0.5	0.4
振动力（N）	4300	9000	1000	3700	4300	4800	5700	18000	4700	3400
振幅（mm）		2	0			2	1.5	3.5	2.8	
振动频率（次/min）	2840	2800	2850	2800	2850	2860	2800	2850	2850	2850
外形尺寸（mm）	395×212×228	410×325×245	390×325×246	365×210×218	425×210×220	410×210×240	420×280×260	450×270×290	600×400×280	950×550×270
总质量（kg）	27	57	57	23	27	28	38	65	36	44

注：1. 附着式振动器可安装振板，改装成平板式振动器。

2. PZ—50 平板振动器作用深度 250mm 以上。

4 混凝土施工工艺

4.1 混凝土配合比设计

4.1.1 普通混凝土配合比设计

混凝土配合比设计就是按所采用的材料，通过计算、试配和调整等步骤，确定各项材料的组成比例，以便制得既能满足强度、耐久性和良好的施工和易性的要求，又有适宜的坍落度，且又经济合理的混凝土。如果混凝土还有其他技术性能的要求，尚应增添相应的试验项目，进行检验确认。

(1) 普通混凝土配合比设计流程

普通混凝土配合比的设计流程可分为三个阶段：

第一阶段是了解原始条件，第二阶段是决定主要参数，第三阶段是计算、试配、调整。其具体步骤如图4-1-1所示。

(2) 普通混凝土配合比设计的基本参数及选择

混凝土的四种组成材料一般可由三个参数来控制，参数的选择主要由强度、耐久性、拌合物流动性、和易性等性能决定的。

1) 水灰比：混凝土的水灰比就是水与水泥的比值。水灰比在满足强度耐久性的要求下，选用较大水灰比，有利于节约水泥。

2) 用水量：用水量是指每立方米混凝土拌合物中水的用量（kg/m^3）。在水灰比确定后，每立方米混凝土

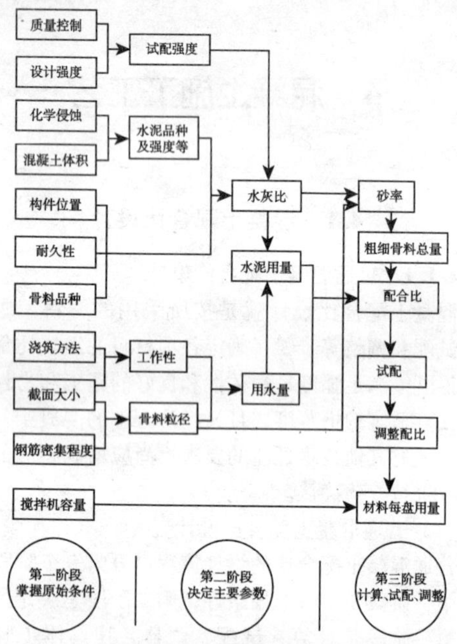

图 4-1-1　普通混凝土配合比设计流程图

中用水量表示水泥浆与集料之间的比例关系也与成形工艺有关。为节约水泥，单位用水量在满足流动性条件下，取较小值。

3）砂率：砂子占砂石总量的百分率称为砂率。砂率对混合料和易性影响较大，如选择不恰当，对混凝土耐久性都有影响。在保证工作性要求的条件下，砂率取较小值，同样有利于节约水泥。

（3）普通混凝土配合比设计计算步骤

1）计算混凝土试配强度 $f_{cu,0}$

混凝土的施工配制强度按下式计算：

$$f_{cu,0} \geq f_{cu,k} + 1.645\sigma \qquad (4\text{-}1\text{-}1)$$

式中 $f_{cu,0}$——混凝土的施工配制强度（MPa）；

$f_{cu,k}$——设计的混凝土立方体抗压强度标准值（MPa）；

σ——施工单位的混凝土强度标准差（MPa）。

σ 的取值，如施工单位具有近期混凝土强度的统计资料时，可按下式求得：

$$\sigma = \sqrt{\frac{\sum_{c=1}^{n} f_{cu,i}^{2} - N\mu f_{cu}^{2}}{N-1}} \qquad (4\text{-}1\text{-}2)$$

式中 $f_{cu,i}$——第 i 组混凝土试件强度（MPa）；

μf_{cu}——N 组混凝土试件强度的平均值（MPa）；

N——统计周期内相同混凝土强度等级的试件组数。

当混凝土强度等级为 C20 或 C25 时，如计算得到的 $\sigma < 2.5$MPa，取 $\sigma = 2.5$MPa；当混凝土强度等级为 C30 及其以上时，如计算得到的 $\sigma < 3.0$MPa，取 $\sigma = 3.0$MPa。

对预拌混凝土厂和预制混凝土构件厂，其统计周期可取为一个月；对现场拌制混凝土的施工单位，其统计周期可根据实际情况确定，但不宜超过三个月。

施工单位如无近期混凝土强度统计资料时，可按表 4-1-1 取值。

σ 取值表 **表 4-1-1**

混凝土强度等级	≤C15	C20～C35	≥C40
σ(MPa)	4	5	6

2）计算出所要求的水灰比值（混凝土强度等级小于C60时）

$$\frac{W}{C}=\frac{\alpha_a f_{ce}}{f_{cu,0}+\alpha_a \alpha_b f_{ce}} \tag{4-1-3}$$

式中 α_a，α_b——回归系数；

f_{ce}——水泥28d抗压强度实测值（MPa）；

W/C——混凝土所要求的水灰比。

①回归系数 α_a、α_b 通过试验统计资料确定，若无试验统计资料，回归系数可按表4-1-2选用。

回归系数 α_a、α_b 选用表　　表4-1-2

系数	碎石	卵石
α_a	0.46	0.48
α_b	0.07	0.33

②当无水泥28d实测强度数据时，式（4-1-3）中 f_{ce} 值可用水泥强度等级值（MPa）乘上一个水泥强度等级的富裕系数 γ_c，富裕系数 γ_c 可按实际统计资料确定，无资料可取 $\gamma_c=1.13$。f_{ce} 值也可根据3d强度或快测强度推定28d强度得出。

对于出厂期超过三个月或存放条件不良而已有所变质的水泥，应重新鉴定其强度等级，并按实际强度进行计算。

③计算所得的混凝土水灰比值应与表4-1-3所规定的范围进行核对，如果计算所得的水灰比大于表4-1-3所规定的最大水灰比值时，应按表4-1-3取值。

混凝土的最大水灰比和最小水泥用量　　表 4-1-3

环境条件		结构物类别	最大水灰比			最小水泥用量(kg)		
			素混凝土	钢筋混凝土	预应力混凝土	素混凝土	钢筋混凝土	预应力混凝土
干燥环境		正常的居住和办公用房屋内部件	不作规定	0.65	0.60	200	260	300
潮湿环境	无冻害	高湿度的室内部件； 室外部件； 在非侵蚀性土和(或)水中的部件	0.70	0.60	0.60	225	280	300
潮湿环境	有冻害	经受冻害的室外部件； 在非侵蚀性土和(或)水中且经受冻害的部件； 高湿度且经受冻害的室内部件	0.55	0.55	0.55	250	280	300
有冻害和除冰剂的潮湿环境		经受冻害和除冰剂作用的室内和室外部件	0.50	0.50	0.50	300	300	300

注：1. 当采用活性掺合料替代部分水泥时，表中最大水灰比和最小水泥用量即为替代前的水灰比和水泥用量。
2. 配制 C15 级以下等级的混凝土，可不受本表限制。
3. 本表引自《普通混凝土配合比设计规程》(JGJ 55—2000，J64—2000)。

3）选取每立方米混凝土的用水量

①选取用水量

W/C 在 0.4～0.8 范围时，根据粗骨料的品种、粒

径及施工要求的混凝土拌合物的稠度，其用水量可按表4-1-4、表4-1-5 取用。

干硬性混凝土的用水量（kg/m^3）　　表 4-1-4

拌合物稠度		卵石最大粒径(mm)			碎石最大粒径(mm)		
项目	指标	10	20	40	16	20	40
维勃稠度（s）	16～20	175	160	145	180	170	155
	11～15	180	165	150	185	175	160
	5～10	185	170	155	190	180	165

塑性混凝土的用水量（kg/m^3）　　表 4-1-5

拌合物稠度		卵石最大粒径(mm)				碎石最大粒径(mm)			
项目	指标	10	20	31.5	40	16	20	31.5	40
坍落度（mm）	10～30	190	170	160	150	200	185	175	165
	35～50	200	180	170	160	210	195	185	175
	55～70	210	190	180	170	220	205	195	185
	75～90	215	195	185	175	230	215	205	195

注：1. 本表用水量系采用中砂的平均取值。采用细砂时，每立方米混凝土用水量可增加 5～10kg；采用粗砂时，则可减少 5～10kg。

2. 掺用各种外加剂或掺合料时，用水量应相应调整。

3. 本表引自同表 4-1-3。

②W/C 小于 0.4 或混凝土强度等级不小于 C60 级以及采用特殊成型工艺的混凝土用水量应通过试验确定。

③流动性和大流动性混凝土的用水量可以从表 4-1-5中坍落度 90mm 的用水量为基础，坍落度每增大 20mm，用水量增加 5kg。

④掺外加剂时的混凝土用水量可按下式计算：

$$m_{wa}=m_{wo}(1-\beta_w) \quad (4\text{-}1\text{-}4)$$

式中 m_{wa}——掺外加剂时的每立方米混凝土用水量；

m_{wo}——未掺外加剂时的每立方米混凝土用水量；

β_w——外加剂的减水率（%），应通过试验确定。

－－4）计算每立方米混凝土的水泥用量

每立方米混凝土的水泥用量（m_{co}）可按下式计算：

$$m_{co}=\frac{m_{wo}}{W/C} \quad (4\text{-}1\text{-}5)$$

计算所得的水泥用量如小于表4-1-3所规定的最小水泥用量时，则应按表4-1-3取值。混凝土的最大水泥用量不宜大于550kg/m³。

5）选取混凝土砂率值

①坍落度为10～60mm的混凝土砂率，可按粗骨料品种、规格及混凝土的水灰比在表4-1-6中选用。

混凝土的砂率（%）　　表4-1-6

水灰比（W/C）	卵石最大粒径(mm)			碎石最大粒径(mm)		
	10	20	40	16	20	40
0.40	26～32	25～31	24～30	30～35	29～34	27～32
0.50	30～35	29～34	28～33	33～38	32～37	30～35
0.60	33～38	32～37	31～36	36～41	35～40	33～38
0.70	36～41	35～40	34～39	39～44	38～43	36～41

注：1. 表中数值是中砂的选用砂率。对细砂或粗砂，可相应地减少或增加砂率。

2. 只用一个单粒级粗骨料配制混凝土时，砂率值应适当增加。

3. 对薄壁构件，砂率取偏大值。

4. 表中的砂率是指砂与骨料总量的质量比。

5. 本表引自同表4-1-3。

②坍落度大于 60mm 的混凝土砂率，可经试验确定，也可在表 4-1-6 的基础上，按坍落度增大 20mm，砂率增大 1% 的幅度调整。

③坍落度小于 10mm 的混凝土砂率应通过试验确定。

6）计算粗、细骨料的用量，算出供试配用的配合比

在已知混凝土用水量、水泥用量和砂率的情况下，可用体积法或重量法求出粗、细骨料的用量，从而得出混凝土的初步配合比。

①体积法

体积法又称绝对体积法。这种方法是假设混凝土组成材料绝对体积的总和等于混凝土的体积，因而得到下列方程式，并解之。

$$\begin{cases} \dfrac{m_{co}}{\rho_c} + \dfrac{m_{go}}{\rho_g} + \dfrac{m_{so}}{\rho_s} + \dfrac{m_{wo}}{\rho_w} + 0.01\alpha = 1 \\ \beta_s = \dfrac{m_{so}}{m_{go} + m_{so}} \times 100\% \end{cases} \quad (4\text{-}1\text{-}6)$$

式中 m_{co}——每立方米混凝土的水泥用量（kg/m^3）；

m_{go}——每立方米混凝土的粗骨料用量（kg/m^3）；

m_{so}——每立方米混凝土的细骨料用量（kg/m^3）；

m_{wo}——每立方米混凝土的用水量（kg/m^3）；

ρ_c——水泥密度（g/cm^3），可取 2900～3100（kg/m^3）；

ρ_g——粗骨料的视密度（g/cm^3）；

ρ_s——细骨料的视密度（g/m^3）；

ρ_w——水的密度（g/m^3），可取 1000（kg/m^3）；

α——混凝土含气量百分数（%），在不使用含气型外掺剂时可取 $\alpha = 1$；

β_s——砂率（%）。

在上述关系式中，ρ_g 和 ρ_s 应按现行《普通混凝土用碎石或卵石质量标准及检验方法》(JGJ 53)及《普通混凝土用砂质量标准及检验方法》(JGJ 52)所规定的方法测得。

②质量法

质量法又称为假定质量法。这种方法是假定混凝土拌合料的质量为已知，从而可求出单位体积混凝土的骨料总用量（质量），进而分别求出粗、细骨料的质量，得出混凝土的配合比。方程式如下：

$$\begin{cases} m_{co} + m_{go} + m_{so} + m_{wo} = m_{cp} \\ \beta_s = \dfrac{m_{so}}{m_{go} + m_{so}} \times 100\% \end{cases} \tag{4-1-7}$$

式中　m_{cp}——每立方米混凝土拌合物的假定质量(kg/m³)。

其他符号同体积法。

在上述关系式中，m_{cp} 可根据本单位累积的试验资料确定。在无资料时，可根据骨料的密度、粒径以及混凝土强度等级，在2350～2450kg/m³ 的范围内选取。

细、粗骨料用量按下列公式计算：

$$m_{so} = (m_{so} + m_{go}) \times \beta_s \tag{4-1-8}$$

$$m_{go} = (m_{so} + m_{go}) - m_{so} \tag{4-1-9}$$

由以上计算可求出混凝土质量理论配合比为：

$$m_{co} : m_{so} : m_{go} : m_{wo} \tag{4-1-10}$$

或

$$1 : \frac{m_{so}}{m_{co}} : \frac{m_{go}}{m_{co}} : \frac{m_{wo}}{m_{co}} \tag{4-1-11}$$

$$\beta_s = \frac{m_{so}}{m_{so} + m_{go}} \times 100\% \tag{4-1-12}$$

（4）混凝土拌合物的试配和调整

1）混凝土拌合物的试配

按照工程中实际使用的材料和搅拌方法，根据计算出的配合比进行试拌。混凝土试拌的数量不应少于表4-1-7所规定的数值，如需要进行抗冻、抗渗或其他项目试验，应根据实际需要计算用量。采用机械搅拌时，拌合量应不小于该搅拌机额定搅拌量的四分之一。

混凝土试配的最小搅拌量　表4-1-7

骨料最大粒径（mm）	拌合物数量（L）
31.5及以下	15
40	25

如果试拌的混凝土坍落度不能满足要求或保水性不好，应在保证水灰比条件下调整用水量或砂率，直到符合要求为止。然后提出供检验混凝土强度用的基准配合比。混凝土强度试块的边长，应不小于表4-1-8的规定。

混凝土立方体试块边长　表4-1-8

骨料最大粒径（mm）	试块边长（mm）
≤30	100×100×100
≤40	150×150×150
≤60	200×200×200

制作混凝土强度试块时，至少应采用三个不同的配合比，其中一个是按上述方法得出的基准配合比，另外两个配合比的水灰比，应较基准配合比分别增加或减少0.05，其用水量应该与基准配合比相同，但砂率值可分别增加和减少1%。

当不同水灰比的混凝土拌合物坍落度与要求值的差超过允许偏差时，可通过增、减用水量进行调整。

制作混凝土强度试块时，尚需试验混凝土的坍落度、黏聚性、保水性及混凝土拌合料质量密度，作为代表这一配合比的混凝土拌合料的各项基本性能。

2）混凝土拌合物配合比的调整

每种配合比至少应制作一组（三块）试块，标准养护28d后进行试压；有条件的单位也可同时制作多组试块，供快速检验或较早龄期的试压，以便提前提出混凝土配合比并供施工使用。但以后仍必须以标准养护28d的检验结果为准，据此调整配合比。

经过试配和调整以后，便可按照所得的结果确定混凝土的施工配合比。由试验得出的各水灰比值的混凝土强度，用作图法或计算求出（$f_{cu,0}$）相对应的水灰比值。这样，初步定出混凝土所需的配合比，其值为：

用水量（m_w）——取基准配合比中的用水量值，并根据制作强度试块时测得的坍落度值或维勃稠度加以适当调整；

水泥用量（m_c）——取用水量乘以经试验定出的为达到$f_{cu,0}$所必须的水灰比值；

粗骨料（m_g）和细骨料（m_s）用量——取基准配合比中的粗骨料和细骨料用量，并按定出的水灰比值作适当调整。

按上述各项定出的配合比算出混凝土的计算表观密度值ρ_{cc}。

混凝土计算表观密度值：

$$\rho_{cc}=m_w+m_c+m_s+m_g \qquad (4\text{-}1\text{-}13)$$

再将混凝土的实测表观密度除以计算表观密度得出

校正系数 δ：

$$\delta = \rho_{ct}/\rho_{cc} \tag{4-1-14}$$

式中　ρ_{ct}——混凝土的实测表观密度值；

ρ_{cc}——混凝土计算表观密度值。

当混凝土的实测表观密度与计算表观密度值之差的绝对值未超过计算值的2%，确定的配合比为设计配合比；当二者之差超过2%时，应将混凝土配合比中每项材料用量均乘以校正系数 δ，即为最终确定的配合比设计值。

4.1.2　掺矿物掺合料的混凝土配合比设计

（1）设计原则

矿物掺合料混凝土的设计强度等级、强度保证率、标准差及离散系数等指标应与基准混凝土相同，配合比设计以基准混凝土配合比为基础，按等稠度、等强度等级原则等效置换，并应符合现行标准《普通混凝土配合比设计规程》（JGJ 55—2000）的规定。

（2）设计步骤

1）根据设计要求，按照现行标准《普通混凝土配合比设计规程》（JGJ 55—2000）进行基准配合比设计。

2）可按表4-1-9选择矿物掺合料的取代水泥百分率（β_c）。

取代水泥百分率（β_c）　　表4-1-9

矿物掺合料种类	混凝土水灰比或强度等级	取代水泥百分率（β_c）		
		硅酸盐水泥	普通硅酸盐水泥	矿渣硅酸盐水泥
粉煤灰	≤0.40	≤40	≤35	≤30
	>0.40	≤30	≤25	≤20

续表

矿物掺合料种类	混凝土水灰比或强度等级	取代水泥百分率（β_c）		
		硅酸盐水泥	普通硅酸盐水泥	矿渣硅酸盐水泥
磨细矿渣粉	≤0.40	≤70	≤55	≤35
	>0.40	≤50	≤40	≤30
沸石粉	≤0.40	15～20	15～20	10～15
	>0.40	10～15	10～15	5～10
硅灰	C50 以上	≤10	≤10	≤10
复合掺合料	≤40	≤70	≤60	≤35
	>0.40	≤55	≤50	≤40

注：1. 对于最小尺寸小于 150mm 的薄壁构件或部件，粉煤灰掺量宜适当降低。

2. 高钙粉煤灰不得用于掺膨胀剂或防水剂的混凝土。用于结构混凝土时，根据水泥品种不同，其掺量不宜超过以下限制：矿渣硅酸盐水泥，不大于 10%；普通硅酸盐水泥，不大于 15%；硅酸盐水泥，不大于 20%。

3）按所选用的取代水泥百分率（β_c），按式（4-1-15）求出每立方米矿物掺合料混凝土的水泥用量（m_c）：

$$m_c = m_{co}(1 - \beta_c) \tag{4-1-15}$$

式中 β_c——取代水泥百分率（%）；

m_{co}——每 m^3 基准混凝土中的水泥用量（kg/m^3）；

m_c——每 m^3 矿物掺合料混凝土中的水泥用量（kg/m^3）。

4）按表 4-1-10 选择矿物掺合料超量系数（δ_c）。

超量系数（δ_c）　　表 4-1-10

矿物掺合料种类	规格或级别	超量系数
粉煤灰	Ⅰ	1.0~1.4
	Ⅱ	1.2~1.7
	Ⅲ	1.5~2.0
粒化高炉矿渣粉	S105	0.95
	S95	1.0~1.15
	S75	1.0~1.25
沸石粉	—	1.0
复合掺合料	S105	0.95
	S95	1.0~1.15
	S75	1.0~1.25

5）按超量系数（δ_c）按式 4-1-16 求出每立方米混凝土的矿物掺合料混凝土的矿物掺合料用量（m_f）：

$$m_f=\delta_c(m_{co}-m_c) \tag{4-1-16}$$

式中　m_f——每立方米混凝土中的矿物掺合料用量（kg/m^3）；

δ_c——超量系数。

6）计算每立方米矿物掺合料混凝土中水泥、矿物掺合料和细集料的绝对体积，求出矿物掺合料超出水泥的体积。

7）按矿物掺合料超出水泥的体积，扣除同体积的细集料用量。

8）矿物掺合料混凝土的用水量，按基准混凝土配合比的用水量取用。

9）根据计算的矿物掺合料混凝土配合比，通过试拌，在保证设计的工作性的基础上，进行混凝土配合比的调整，直到符合要求。

10）外加剂的掺量应按胶凝材料总量的百分比计。

11）矿物掺合料混凝土的水灰比及水泥用量、胶凝材料用量应符合表4-1-11的要求。

最小水泥用量、胶凝材料用量和最大水灰比　　表4-1-11

矿物掺合料种类	用途	最小水泥用量（kg/m³）	最小胶凝材料用量（kg/m³）	最大水灰比
磨细炉矿渣粉复合掺合料	有冻害、潮湿环境中结构	200	300	0.50
	上部结构	200	300	0.55
	地下、水下结构	150	300	0.55
	大体积	110	270	0.60
	无筋混凝土	100	250	0.70

注：1. 掺粉煤灰、沸石粉和硅灰的混凝土应符合现行标准《普通混凝土配合比设计规程》（JGJ 55—2000）中的规定。

2. 表中水灰比为替代前的水灰比。

3. 一般C40以下以单掺粉煤灰为好。

4.2　混凝土拌制与运输

4.2.1　混凝土拌制

（1）拌制混凝土配合比计量要求

1）严格掌握混凝土材料配合比，并将配合比换算成每盘材料用量，在搅拌机旁挂牌明示，便于检查。

2）各种衡器应定时校验，并经常保持准确。骨料含水率应经常测定。雨天施工时，应增加测定次数，并随时由试验员调整配合比的用水量和砂石用量。

3）混凝土配料称量应准确，材料按质量计的允许偏差不得超过下列规定（表4-2-1）：

原材料每盘称量的允许偏差　　表 4-2-1

材料名称	允许偏差
水泥、掺合料	±2%
粗、细骨料	±3%
水、外加剂	±2%

（2）投料顺序

1）一次投料法：当无外加剂、掺合料时，依次投料的顺序为石子、水泥、砂，提起料斗将全部材料倒入拌桶中进行搅拌，同时开启水阀，使定量的水均匀洒布于拌合料中。

2）二次投料法：也称先拌水泥浆法或水泥裹砂法，其投料顺序有两种，一种是先将全部砂子、水泥及 1/3 的水投入搅拌 20 ~ 30s 后再投入石子和剩余的 2/3 水进行搅拌；另一种是将水泥和部分水进行净浆搅拌，然后再投入全部砂石和剩余的水进行搅拌。此法可比一次投料法混凝土强度提高 10% ~ 15% 左右。

在拌合掺有掺合料（如粉煤灰等）的混凝土时，宜先以部分水、水泥及掺合料在机内拌合后，再加入砂、石及剩余水，并适当延长拌合时间。

使用外加剂时，应注意检查核对外加剂品名、生产厂名、牌号等。一般宜先将外加剂制成外加剂溶液，并预加入拌合水中。应经常检查外加剂溶液的浓度，并应经常搅拌外加剂溶液，使溶液浓度均匀一致，防止沉淀。溶液中的水量，应包括在拌合用水量内。

（3）搅拌时间

从原料全部投入搅拌机筒时起，至混凝土拌合料开始卸出时止，所经历的时间称作搅拌时间。搅拌时间随搅拌机的类型及混凝土混合料和易性的不同而异，但搅拌的最短时间应不少于表4-2-2规定。

混凝土搅拌的最短时间(s)　表4-2-2

混凝土坍落度（mm）	搅拌机类型	搅拌机容积（L）		
		小于250	250~500	大于500
不大于30	自落式	90	120	150
	强制式	60	90	120
大于30	自落式	90	90	120
	强制式	60	60	90

注：掺有外加剂时，搅拌时间应适当延长。

（4）拌制要求

1）搅拌混凝土前，加水先转数分钟，将积水倒净，使拌筒充分湿润，运转正常后，再加料搅拌。拌第一罐混凝土时，宜按配合比多加入10%的水泥、水、细骨料的用量；或减少10%的粗骨料用量，使富余的砂浆布满鼓筒内壁及搅拌叶片，防止第一罐混凝土拌合物中的砂浆偏少。

2）搅拌好的混凝土要做到基本卸尽。在全部混凝土卸出之前不得再投入拌合料，更不得采取边出料边进料的方法。严格控制水灰比和坍落度，未经试验人员同意不得随意加减用水量。

3）在每次开始搅拌时，应检测初始的前二、三罐混凝土拌合物的和易性。如不符合要求时，应立即处理，直至拌合物的和易性符合要求，方可持续生产。

4）当开始按新的配合比进行拌制或原材料有变化时，应注意开拌检测工作。

5）向搅拌筒内加料应在运转中进行，添加新料必须先将搅拌机内原有的混凝土全部卸出后才能进行。不得中途停机或在满载时启动搅拌机，反转出料者除外。

6）雨期施工期间要勤测粗细骨料的含水量，随时调整用水量和粗细骨料的用量。夏季施工时砂石材料尽可能加以遮盖，至少在使用前不受烈日曝晒，必要时可采用冷水淋洒，使其蒸发散热。冬期施工要防止砂石材料表面冻结，并应清除冰块。

7）工作完毕，应及时将机内、水箱内、管道内的存料、积水放尽，并清洁保养机械，清理工作场地，切断电源，锁好电闸箱。

（5）拌制的质量要求

1）拌制的混凝土拌合物的均匀性应按要求进行检查。一般应在搅拌机卸料过程中，从卸料流出的1/4～3/4之间部位采取试样。检测结果应符合下列规定：

①混凝土中砂浆密度，两次测值的相对误差不应大于0.8%。

②单位体积混凝土中粗骨料含量，两次测值的相对误差不应大于5%。

③混凝土的搅拌时间，每一工作班至少应抽查两次。

2）混凝土搅拌完毕后，应按下列要求检测混凝土拌合物的各项性能：

①混凝土拌合物的稠度，应在搅拌地点和浇筑地点分别取样检测。每工作班不应少于1次。评定时应以浇筑地点的为准。在检测坍落度时，还应观察混凝土拌合物的黏聚性和保水性，全面评定拌合物的和易性。

②根据需要，如果应检查混凝土拌合物的其他质量指标，检测结果也应符合各自的要求，如含气量、水灰比和水泥含量等。

3）泵送混凝土的交货检验，应在交货地点，按国家现行国家标准《预拌混凝土》(GB 14902)的有关规定，进行交货检验；现场拌制的泵送混凝土供料检验，宜按现行国家标准《预拌混凝土》(GB 14902)的有关规定执行。

在寒冷地区冬期拌制泵送混凝土时，除应满足现行国家标准《混凝土泵送施工技术规程》(JGJ/T 10)的规定外，尚应制定冬期施工措施。

4.2.2 混凝土运输

混凝土在运输中，应保持其匀质性，做到不分层、不离析、不漏浆；运到浇筑地点时，应具有所要求的坍落度，当有离析现象时，应进行二次搅拌方可入模。

混凝土运输应以最少的转载次数和最短的时间，从搅拌地点运至浇筑地点。混凝土从搅拌机中卸出到浇筑完毕的延续时间不宜超过表4-2-3的规定。

混凝土从搅拌机中卸出到浇筑完毕的延续时间　　表4-2-3

气温	延续时间（min）			
	采用搅拌车		其他运输设备	
	≤C30	>C30	≤C30	>C30
≤25℃	120	90	90	75
>25℃	90	60	60	45

注：掺有外加剂或采用快硬水泥时延续时间应通过试验确定。

在风雨或暴热天气输送混凝土，容器上应加遮盖，以防进水或水分蒸发。冬期施工应加以保温。夏季最高气温超过40℃时，应有隔热措施。

混凝土运至浇筑地点时，应检测其稠度，所测稠度值应符合设计和施工要求。其允许偏差值应符合有关标准的规定。

混凝土拌合物运至浇筑地点时的温度，最高不宜超过35℃；最低不宜低于5℃。

4.3 混凝土浇筑

4.3.1 混凝土浇筑施工准备

（1）编制施工方案

根据工程对象、结构特点，结合具体条件，制定混凝土浇筑的施工方案。

（2）机具准备

搅拌机、运输车、料斗、串筒、振动器等机具设备按需要准备充分。所用的机具均应在浇筑前进行检查和试运转，同时配有专职技工，随时检修。

（3）确保原材料和水电源供应

浇筑前，必须核实一次浇筑完毕或浇筑至某施工缝前的工程材料是否充足，以免停工待料。在混凝土浇筑期间，要保证水、电、照明不中断。

（4）进行模板、支架及钢筋、埋件的检查

在浇筑混凝土之前，应检查和控制模板、钢筋、保护层和预埋件等的尺寸、规格、数量和位置，其偏差值应符合现行国家标准《混凝土结构工程施工质量验收规范》(GB 50204—2002)的规定。此外，还应检查模板支撑的稳定性以及模板接缝的密合情况。在浇筑混凝土前，模板内的垃圾和钢筋上的油污等杂物应清除干净。木模板应浇水加以湿润，但不允许留有积水。湿润后，木模板中尚未胀密的缝隙应贴严，以防漏浆。金属模板中的缝隙和孔洞也应予以封闭。检查安全设施、劳动配备是否妥当，能否满足浇筑速度的要求。

（5）注意掌握天气情况

在混凝土施工阶段应掌握天气的变化情况，特别在雷雨台风季节和寒流突然袭击之际，更应注意，以保证混凝土浇筑顺利进行，确保混凝土质量。根据工程需要和季节施工特点，应准备好在浇筑过程中所必须的抽水设备和防雨、防暑、防寒等物资。

（6）其他

在地基或基土上浇筑混凝土，应清除淤泥和杂物，并应有排水和防水措施。

对干燥的非黏性土，应用水湿润；对未风化的岩石，应用水清洗，但其表面不得留有积水。

4.3.2 混凝土浇筑工艺

（1）浇筑厚度

为了使混凝土各部位都振捣密实，混凝土必须分层浇筑，决不可一次下料过多，否则虽经振捣，其下面部分因振动器的振动作用达不到，还是松散不密实，会造成质量事故。混凝土每层浇筑的厚度要根据振捣方法、结构的配筋情况等条件确定，并应符合表4-3-1的要求。

混凝土浇筑层的厚度　　表4-3-1

<table>
<tr><th colspan="2">捣实混凝土的方法</th><th>浇筑层的厚度（mm）</th></tr>
<tr><td colspan="2">插入式振捣</td><td>振捣作用部分长度的1.25倍</td></tr>
<tr><td colspan="2">表面振动</td><td>200</td></tr>
<tr><td colspan="2">人工捣固
(1)在基础、无筋混凝土或配筋稀疏的结构中
(2)在梁、墙板、柱结构中
(3)在配筋密列的结构中</td><td>
250
200
150</td></tr>
<tr><td rowspan="2">轻骨料混凝土</td><td>插入式振捣</td><td>300</td></tr>
<tr><td>表面振动(振动时需加荷载)</td><td>200</td></tr>
</table>

（2）浇筑间歇时间

浇筑混凝土应连续进行，如必须间歇，其间歇时间应尽量缩短，并应在前层混凝土初凝之前，将次层混凝土浇筑完毕。间歇的最长时间应按所用水泥品种、气候及混凝土凝结条件确定，一般超过 2h 应按施工缝处理。混凝土浇筑和间歇的全部时间不得超过表 4-3-2 的规定，当超过规定时间应留置施工缝。

混凝土运输、浇筑和间隙的时间（min）　　表 4-3-2

混凝土强度等级	气温（℃）	
	≤25	>25
≤C30	210	180
>C30	180	150

注：当混凝土中掺有促凝或缓凝型外加剂时，其允许时间应通过试验确定。

（3）浇筑注意事项

1）在浇筑工序中，应控制混凝土的均匀性和密实性。混凝土拌合物运至浇筑地点后，应立即浇筑入模。在浇筑过程中，如发现混凝土拌合物的均匀性和稠度发生较大的变化，应及时处理。

2）浇筑混凝土时，应注意防止混凝土的分层离析。混凝土由料斗、漏斗内卸出进行浇筑时，其自由倾落高度一般不宜超过 2m，在竖向结构中浇筑混凝土的高度不得超过 3m，否则应采用串筒、斜槽、溜管等下料。

3）浇筑竖向结构混凝土前，底部应先铺填 50～100mm 厚与混凝土成分相同的水泥砂浆。

4）浇筑混凝土时，应经常观察模板、支架、钢筋、预埋件和预留孔洞的情况，当发现有变形、移位时，应立即停止浇筑，并应在已浇筑的混凝土凝结前修整完好。

5）混凝土在浇筑及静置过程中，应采取措施防止产生裂缝。混凝土因沉降及干缩产生的非结构性的表面裂缝，应在混凝土终凝前予以修整。在浇筑与柱和墙连成整体的梁和板时，应在柱和墙浇筑完毕后停歇1～1.5h，使混凝土获得初步沉实后，再继续浇筑，以防止接缝处出现裂缝。

6）梁和板应同时浇筑混凝土。较大尺寸的梁（梁的高度大于1m）、拱和类似的结构，可单独浇筑，但施工缝的设置应符合有关规定。

7）在已浇筑的混凝土强度未达到1.2MPa以前，不得在其上踩或安装模板及支架。

8）混凝土下料、浇筑、振捣方法正误见图4-3-1～图4-3-3。

4.3.3 现浇结构分部工程混凝土浇筑要求

（1）基础工程浇筑

在地基上浇筑混凝土前，对地基应事先按设计标高和轴线进行校正，并应清除淤泥和杂物；同时注意排除积水，以防冲刷新浇筑的混凝土。

1）柱基础浇筑

①浇筑台阶式基础时，按台阶分层一次浇筑完毕，不宜留施工缝，每层混凝土要一次卸足，顺序是先边角后中间，务必使混凝土充满模板边角。浇筑时应注意防止垂直交角处混凝土出现脱空、蜂窝（即吊脚、烂脖子）现象。

②浇筑杯形基础时，应注意杯口底标高和杯口模的

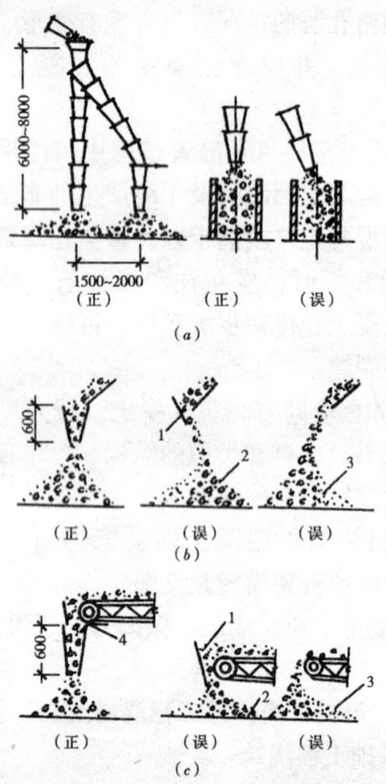

图 4-3-1　混凝土下料方法的正误

(*a*) 串桶浇筑混凝土方法；(*b*) 溜槽浇筑混凝土方法；

(*c*) 皮带运输机浇筑混凝土方法

1—挡板；2—石子；3—砂浆；4—橡皮刮板

位置，防止杯口模上浮和倾斜。浇筑时，先将杯口底混凝土振实并稍待片刻，使其有下沉一个时间，然后对称、均衡浇筑杯口模四周混凝土。当浇筑高杯口基础时，宜采用后安装杯口模的工艺，即当混凝土浇捣到接近杯口底后，再安装杯口芯模，继续浇筑混凝土。

③浇筑锥形基础时，应注意斜坡部位混凝土的捣固

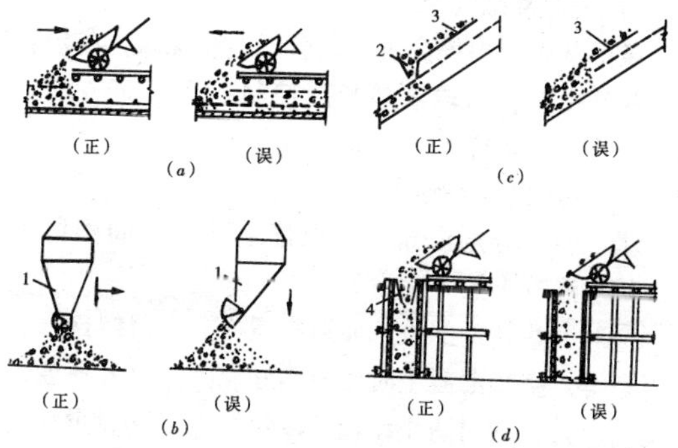

图 4-3-2 混凝土浇筑方法的正误情况

（*a*）用手推车浇筑楼板、地面；（*b*）用吊斗浇筑混凝土；（*c*）用溜槽浇筑斜坡面混凝土；（*d*）用手推车浇筑狭深墙壁

1—吊斗；2—挡板；3—溜槽；4—串桶

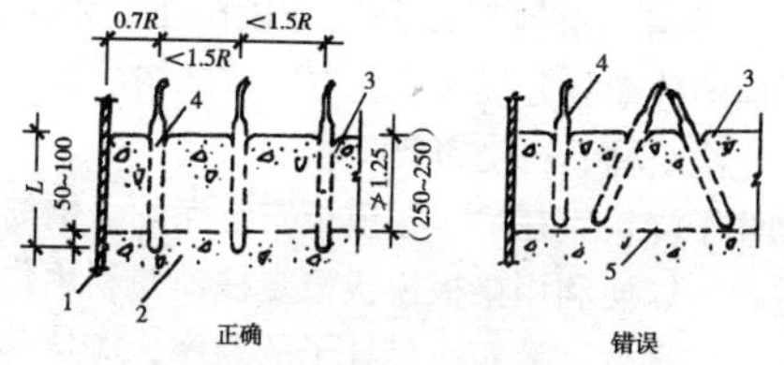

图 4-3-3 混凝土振捣方法的正误情况

1—模板；2—下层已捣实未初凝的混凝土；3—新浇筑的混凝土；4—振动棒；5—分层接缝

R—有效作用半径；*L*—振动棒长

密实。振捣完后，再用人工将斜面修正、拍平、拍实，使符合设计要求。

④浇筑现浇柱下基础时，应特别注意柱子插筋位置的准确，防止位移和倾斜。

2）条形基础浇筑

条形基础应根据高度分段分层连续浇筑，各段各层间应相互衔接，每段灌筑长度控制在 2～3m 左右，做到逐段逐层呈阶梯形向前推进。

3）一般设备基础浇筑

①一般应分层浇筑，并保证上下层之间不留施工缝，每层混凝土的厚度为 20～30cm。

②对一些特殊部位，如地脚螺栓、预留螺栓孔、预埋管道等，浇筑混凝土时要控制好混凝土上升速度，使其均匀上升，同时防止碰撞，以免发生位移或歪斜。对于大直径地脚螺栓，在混凝土浇筑过程中，应用经纬仪随时观测，发现偏差及时纠正。

（2）结构工程浇筑

1）框架柱、梁、板等浇筑

①多（高）层框架按分层分段施工，水平方向以结构平面的伸缩缝分段，垂直方向按结构层次分层。在每层中先浇筑柱，再浇筑梁、板。

②柱子浇筑宜在梁、板模板安装完毕，钢筋未绑扎之前进行，以便利用梁板模板稳定柱模并利用作浇灌柱混凝土操作平台。灌筑一排柱子的顺序，应从两端同时开始向中间推进，不宜从一端推向另一端。

柱子应沿高度方向一次灌筑完毕。如柱高不超过 3m 时，可从柱顶直接浇灌，超过 3m 时，应采用串桶下料，或在柱侧面开设门子洞作浇灌口，分段浇筑，每段高不得超过 2m。

③灌筑每层柱子时，为避免柱脚产生蜂窝现象，在底部应先铺一层 50～100mm 厚减半石子混凝土或去石子水泥砂浆作接浆。在浇筑剪力墙、薄墙、深梁等狭窄

结构时，为避免结构上部由于大量泌水造成混凝土强度降低，宜在灌筑到一定高度后，将混凝土水灰比适当调整。

④肋形楼板的梁板应同时浇筑，浇筑方法应先将梁根据高度分层浇捣成阶梯形，当达到板底位置时即与板的混凝土一起浇捣，随着阶梯形的不断延长，则可连续向前推进（图4-3-4）。当梁的高度大于1m时，允许单独浇筑，施工缝可留在距板底面以下2～3cm处。

⑤浇筑无梁楼盖时，在离柱帽下5cm处暂停，然后分层浇筑柱帽，下料必须倒在柱帽中心，待混凝土接近楼板底面时，即可连同楼板一起浇筑。

⑥当浇筑柱梁及主次梁交叉处的混凝土时，一般钢筋较密集，必要时，这一部分可改用细石混凝土进行浇筑，振动棒头可改用片式并辅以人工捣固配合。

⑦梁板施工缝可采用企口式接缝或垂直立缝的做法，不宜留坡槎。

在预定留施工缝的地方，在板上按板厚放一木条，在梁上闸以木板，其中间要留切口通过钢筋。

⑧当柱与梁、板混凝土强度等级差二级以内时，梁柱节点核心区的混凝土可随楼板混凝土同时浇筑，但在施工前应核算梁柱节点核心区的承载力，包括抗剪、抗压应满足设计要求；当柱与梁、混凝土级差大于二级时，应先浇筑节点混凝土，强度与柱相同，其部位要求见图4-3-5，必须在节点混凝土初凝前浇筑梁板混凝土。

⑨混凝土浇筑过程中，要保证钢筋保护层厚度和位置的正确性，不得踩踏钢筋、移动预埋件和预留孔洞位置，如发现偏差，应及时校正，特别要重视竖向结构的

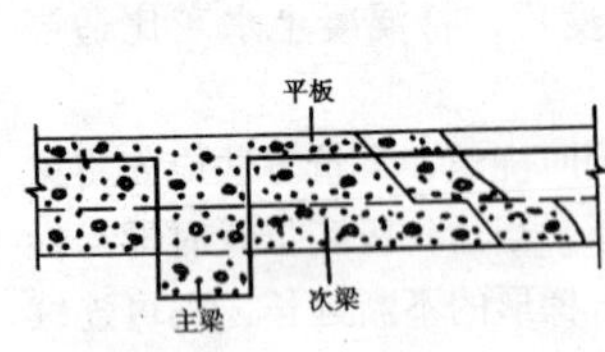

图 4-3-4　梁、板同时浇筑方法示意图

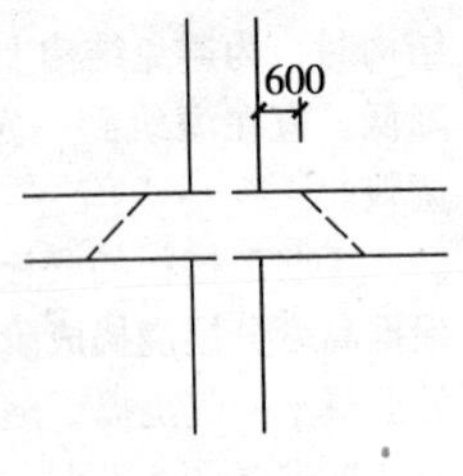

图 4-3-5　梁、柱节点部位示意

保护层和板、阳台、雨篷结构负弯矩钢筋的位置。

2）剪力墙结构浇筑

①剪力墙浇筑应采取长条流水作业，分段浇筑，均匀上升。墙体浇筑混凝土前或新浇混凝土与下层混凝土结合处，应在底面上均匀浇筑 5cm 厚与墙体混凝土成分相同的水泥砂浆或减石子混凝土。砂浆或混凝土应用铁锹入模，不应用料斗直接灌入模内，混凝土应分层浇筑振捣，每层浇筑厚度控制在 60cm 左右。混凝土应连续进行，如必须间歇，应在前层混凝土初凝前将次层混凝土浇筑完毕。墙体混凝土的施工缝一般宜设在门窗洞口上，接槎处混凝土应加强振捣，保证接槎严密。

②洞口浇筑混凝土时，应使洞口两侧混凝土高度大体一致。振捣时，振动棒应距洞边 30cm 以上，从两侧同时振捣，以防止洞口变形，大洞口下部模板应开口并补充振捣。构造柱混凝土应分层浇筑，内外墙交接处的构造柱和墙同时浇筑，振捣要密实。当柱、墙混凝土强度等级不同时，宜采取先浇筑高强度等级混凝土柱、后浇筑低强度等级剪力墙混凝土，保持柱高 0.5m 混凝土高差上升，始终保持高强度等级混凝土侵入低强度等级

剪力墙混凝土0.5m的要求。

③混凝土墙体浇筑振捣完毕后，将上口甩出的钢筋加以整理，用木抹子按高程线将墙上表面混凝土找平。

④混凝土浇捣过程中，不可随意挪动钢筋，要经常加强检查钢筋保护层厚度及所有预埋件的牢固程度和位置的准确性。

3）拱壳结构浇筑

浇筑程序要以拱壳结构的外形构造和施工特点为基础，着重注意施工荷载的对称性和连续作业。

施工缝应按设计要求留设，但应避免设在下部结构的结合部和四周的边梁（横隔）附近。

浇筑壳体结构时，其厚度一定要准确，控制其厚度可采取如下措施：

①选择混凝土坍落度时，按机械振捣条件进行试验，以保证混凝土浇筑时，在模板上不致有坍流现象为原则。

当周边壳体模板的最大坡度角在35°~40°范围内时，要用双层模板。

②按壳体一定位置处的厚度，做好和壳体同强度等级的混凝土立方块，固定在模板上，沿着壳体的纵横方向，摆成1~2m间距的控制网，以保证混凝土的设计厚度。

③按一半或整个薄壳断面各点厚度，做成几个厚度控制尺（图4-3-6），在浇筑时以尺的上缘为准进行找平。浇筑后取出并补平。

④用扁钢和螺栓制成的平尺来掌握厚度，平尺的各点支架高度可用螺栓杆调节（图4-3-7）。

（3）施工缝的设置和处理

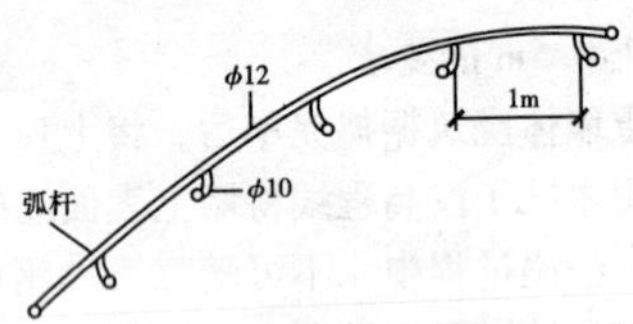

图 4-3-6　厚度控制尺

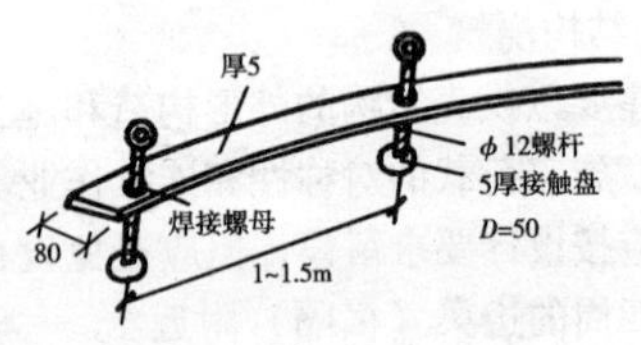

图 4-3-7　厚度控制平尺

由于施工技术和施工组织上的原因，不能连续将结构整体浇筑完成，并且间歇的时间预计将超出表 4-3-2 规定的时间时，应预先选定适当的部位设置施工方案。

1）施工缝的设置

施工缝的位置应设置在结构受剪力较小且便于施工的部位。留缝应符合下列规定：

①柱子留置在基础的顶面、梁或吊车梁牛腿的下面、吊车梁的上面、无梁楼板柱帽的下面（图 4-3-8）。

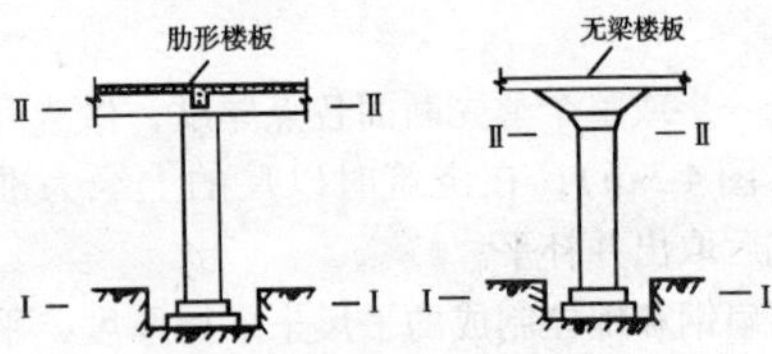

图 4-3-8　浇筑柱的施工缝位置图

Ⅰ—Ⅰ、Ⅱ—Ⅱ表示施工缝位置

②和板连成整体的大断面梁，留置在板底面以下20～30mm处。当板下有梁托时，留在梁托下部。

③单向板，留置在平行于板的短边的任何位置。

④有主次梁的楼板，宜顺着次梁方向浇筑，施工缝应留置在次梁跨度的中间三分之一范围内（图4-3-9）。

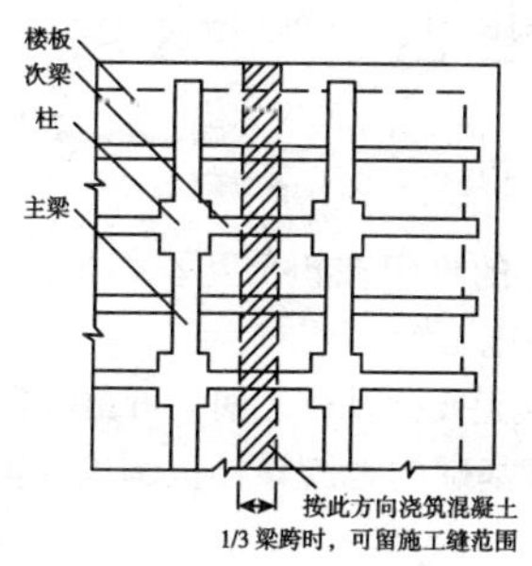

图4-3-9　浇筑有主次梁楼板的施工缝位置图

⑤墙留置在门洞口过梁跨中1/3范围内，也可留在纵横墙的交接处。

⑥双向受力楼板、大体积混凝土结构、拱、穹拱、薄壳、蓄水池、斗仓、多层刚架及其他结构复杂的工程，施工缝的位置应按设计要求留置。下列情况可作参考：

a. 斗仓施工缝可留在漏斗根部及上部，或漏斗斜板与漏斗主壁交接处（图4-3-10）。

b. 一般设备的地坑及水池，施工缝可留在坑壁上，距坑（池）底混凝土面30～50cm的范围内。

⑦承受动力作用的设备基础，不应留施工缝；如必须留施工缝时，应征得设计单位同意。一般可按下列要求留置：

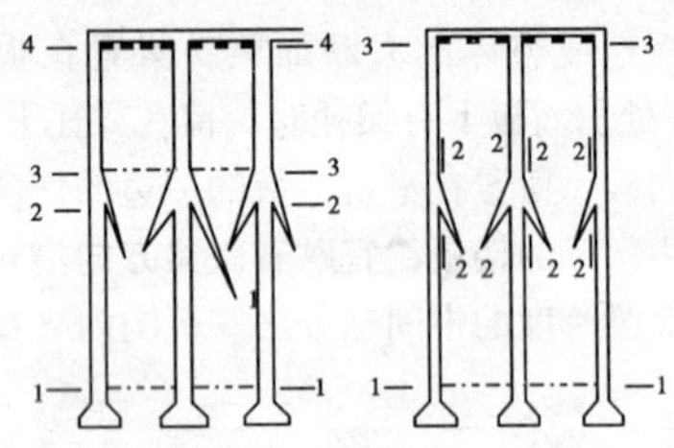

图 4-3-10　斗仓施工缝位置

1—1、2—2、3—3、4—4　施工缝位置；1—漏斗板

a. 基础上的机组在担负互不相依的工作时，可在其间留置垂直施工缝。

b. 输送辊道支架基础之间，可留垂直施工缝。

⑧在设备基础的地脚螺栓范围内，留置施工缝时，应符合下列要求：

a. 水平施工缝的留置，必须低于地脚螺栓底端，其与地脚螺栓底端距离应大于150mm；直径小于30mm的地脚螺栓，水平施工缝可以留在不小于地脚螺栓埋入混凝土部分总长度的四分之三处。

b. 垂直施工缝的留置，其地脚螺栓中心线间的距离不得小于250mm，并不小于5倍螺栓直径。

2）施工缝的处理

在施工缝处继续浇筑混凝土时，已浇筑的混凝土抗压强度不应小于1.2MPa，同时，必须对施工缝进行必要的处理。

①在已硬化的混凝土表面上继续浇筑混凝土前，应清除垃圾、水泥薄膜、表面上松动砂石和软弱混凝土层，同时还应加以凿毛，用水冲洗干净并充分湿润，一般不宜少于24h，残留在混凝土表面的积水应予清除。

②注意施工缝位置附近回弯钢筋，要做到钢筋周围的混凝土不受松动和损坏。钢筋上的油污、水泥砂浆及浮锈等杂物也应清除。

③在浇筑前，水平施工缝宜先铺上 10～15mm 厚的水泥砂浆一层，其配合比与混凝土的砂浆成分相同。

④从施工缝处开始继续浇筑时，要注意避免直接靠近缝边下料。机械振捣前，宜向缝处逐渐推进，并距 80～100cm 处停止振捣，但应加强对施工缝接缝的捣实工作，使其紧密结合。

⑤承受动力作用的设备基础的施工缝处理，应遵守下列规定：

a. 高程不同的两个水平施工缝，其高低接合处应留成台阶形，台阶的高度比不得大于 1。

b. 在水平施工缝上继续浇筑混凝土前，应对地脚螺栓进行一次观测校正。

c. 垂直施工缝处应加插钢筋，其直径为 12～16mm，长度为 50～60cm，间距为 50cm。在台阶式施工缝的垂直面上亦应补插钢筋。

（4）后浇带的设置

1）后浇带的留置位置、留置时间应按设计要求和施工技术方案确定。当后浇带的保留时间设计无要求时，宜保留 42d 以上。后浇带的宽度宜为 700～1000mm。

2）后浇带在浇筑混凝土前，应将整个混凝土表面按照施工缝的要求进行处理。

3）后浇带内的钢筋应予保护。

4）后浇带混凝土宜采用补偿收缩混凝土，其强度等级不得低于两侧混凝土。并保持至少 28d 的湿润养护。

5）当后浇带用膨胀加强带代替时，膨胀加强带应提高膨胀率0.02%。

4.3.4 现场预制构件浇筑要点

（1）浇筑前应检查模板尺寸是否准确，支撑是否牢靠；钢筋骨架有无歪斜、扭曲、结扎（点焊）松脱等现象；预埋件和预留孔洞的数量、规格、位置是否与设计图纸相符；如有问题，要及时处理改正。保护层垫块厚度要适当。做好隐蔽工程验收记录，并清除杂物。

（2）浇筑过程中要注意保持钢筋、预埋件、预留孔洞等位置的准确。浇筑时，应根据构件的厚度一次或分层连续施工，不允许留设施工缝。

（3）对于构件各节点处、锚固钢板与混凝土之间以及柱牛腿部位钢筋密集处，应慢浇、轻振、多捣，并可用带刀片的振动棒进行捣实，对有芯模的四周应对称下料，防止单侧用力过大而使芯模产生偏移。

（4）柱、梁、板类构件通常采用赶浆法，由一端向另一端进行；对长度较大构件，亦可由中间向两端浇筑；对预制桩头构件，应由桩尖向桩头方向浇筑；对厚度大于400mm的构件，应分层浇筑，上下两层浇筑距离约3~4m，用插入式振捣器仔细捣实，振捣器达不到的部位，辅以人工捣实。

（5）每一根（榀）构件应一次浇筑完成，不得留施工缝。采用重叠浇筑构件时，底层构件浇筑完毕表面抹平后，待混凝土强度达到设计强度的30%以上，方可铺设隔离层、支模、浇筑上层构件混凝土，重叠高度一般不超过3~4层。

（6）屋架支模分平卧、平卧重叠和立式三种方式，其中以平卧生产在现场采用较广泛。

平卧和平卧重叠的浇筑程序基本相同。从屋架一端开始，以沿上下弦为主，包括腹杆齐头并进向屋架的另一端推进（图4-3-11*a*）；当腹杆为预制杆件时，亦采用由一端向另一端进行，或由两端开始向中间进行（图4-3-11*b*），亦可由上弦顶点开始至下弦中间结束（图4－3－11*c*），每榀屋架应一次浇筑完成。对杆件厚度大于30cm和预应力屋架设有上下两排芯管时，应分层浇筑，上下层前后连续距离宜保持在3～4m以内。

立式生产，第一步浇筑下弦，第二步浇筑全部斜杆与竖杆，使所有这些杆件同时一起到上弦的下皮，第三步浇上弦。

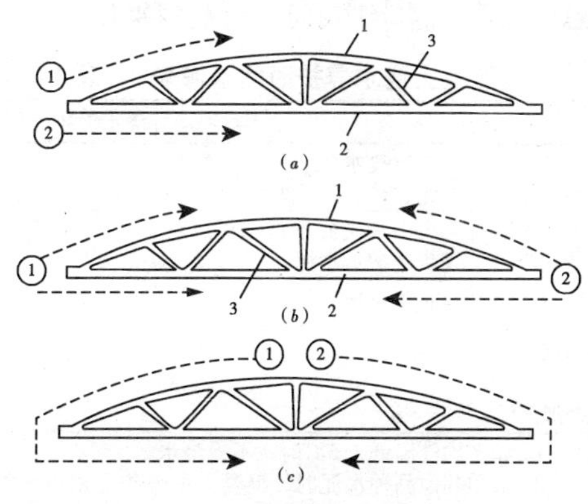

图4-3-11　预制屋架浇筑顺序

(*a*) 由一端向另一端进行；(*b*) 由两端向中间进行；

(*c*) 由上弦顶点开始至下弦中央结束

1—上弦；2—下弦；3—腹杆

4.4　混凝土养护与拆模

4.4.1　混凝土养护

为保证已浇好的混凝土在规定龄期内达到设计要求

的强度和耐久性，并防止产生收缩和温度裂缝，必须认真做好养护工作。混凝土养护方法通常分为自然养护和加热养护两类。

（1）自然养护

1）覆盖浇水养护

在自然气温条件下（高于+5℃），对于一般塑性混凝土应在浇筑后10~12h内（炎夏时可缩短至2~3h）；对高强混凝土应在浇筑后1~2h内，即用麻袋、草帘、锯末或砂进行覆盖，并及时浇水养护，以保持混凝土具有足够润湿状态。混凝土浇水养护时间可参照表4-4-1。

混凝土浇水养护时间参考表　　表4-4-1

<table>
<tr><th colspan="2">分类</th><th>浇水养护时间（d）</th></tr>
<tr><td rowspan="3">拌制混凝土的水泥品种</td><td>硅酸盐水泥、普通硅酸盐水泥、矿渣硅酸盐水泥</td><td>不小于7</td></tr>
<tr><td>火山灰质硅酸盐水泥、粉煤灰硅酸盐水泥</td><td>不小于14</td></tr>
<tr><td>矾土水泥</td><td>不小于3</td></tr>
<tr><td>抗渗混凝土、混凝土中掺缓凝型外加剂</td><td colspan="2">不小于14</td></tr>
</table>

注：1. 如平均气温低于5℃时，不得浇水。
2. 采用其他品种水泥时，混凝土的养护应根据水泥技术性能确定。

浇水次数应根据能保持混凝土处于湿润的状态来决定；当日平均气温低于5℃时，不得浇水；混凝土的养护用水宜与拌制水相同。

大面积结构如地坪、楼板、屋面等可采用蓄水养护。贮水池一类工程可在拆除内模混凝土达到一定强度后注水养护。

混凝土在养护过程中，如发现遮盖不好，浇水不足，以致表面泛白或出现干缩细小裂缝时，要立即仔细加以遮盖，加强养护工作，充分浇水，并延长浇水日期，加以补救。

在已浇筑的混凝土强度达到1.2MPa以后，才开始允许在其上来往行人和安装模板及支架等。荷重超过时应通过计算，并采取相宜的措施。

2）塑料薄膜养护

在有条件的情况下，可采用塑料薄膜养护。用塑料薄膜把混凝土表面敞露的部分全部严密地覆盖起来，保证混凝土在不失水的情况下得到充足的养护。

为了防止产生塑性裂缝，在覆盖塑料薄膜后的一段时间内，最好对构件表面进行数次抹压。

3）薄膜养护液养护

混凝土的表面不便浇水或使用塑料薄膜布养护时，可采用涂刷薄膜养护液，防止混凝土内部水分蒸发的方法进行养护。这种养护方法一般适用于表面积大的混凝土施工和缺水地区，但应注意薄膜的保护。

（2）加热养护

加热养护适用于预制场生产预制构件和混凝土冬期施工时采用。

1）蒸汽养护

一般在构件预制场的养护窖内铺设蒸汽管道，内放构件，或在现场结构构件周围采用临时围护，上盖护罩或简易的帆布、油布等，通以低压饱和蒸汽，使混凝土在较高湿度和温度条件下迅速硬化，达到要求的强度，以缩短养护时间。

蒸汽养护分四个阶段：

静停阶段：就是指混凝土浇筑完毕至升温前在室温

下先放置一段时间，这主要是为了增强混凝土对升温阶段结构破坏作用的抵抗能力，一般需2～6h。

升温阶段：就是混凝土原始温度上升到恒温阶段。温度急速上升，会使混凝土表面因体积膨胀太快而产生裂缝。因而必须控制升温速度，一般为10～25℃/h。

恒温阶段：是混凝土强度增长最快的阶段。恒温的温度应随水泥品种不同而异，普通水泥的养护温度不得超过80℃，矿渣水泥、火山灰水泥可提高到85～90℃。恒温加热阶段应保持90%～100%的相对湿度。

降温阶段：在降温阶段内，混凝土已经硬化，如降温过快，混凝土会产生表面裂缝，因此降温速度应加控制。一般情况下，构件厚度在10cm左右时，降温速度每小时不大于20～30℃。

为了避免由于蒸汽温度骤然升降而引起混凝土构件产生裂缝变形，必须严格控制升温和降温的速度。出槽的构件温度与室外温度相差不得大于40℃，当室外为负温度时，不得大于20℃。

2）棚罩式养护

棚罩式养护是在混凝土构件上加盖养护棚罩。棚罩的材料有玻璃、透明玻璃钢、聚酯薄膜、聚乙烯薄膜等。其中以透明玻璃钢和透明塑料薄膜为佳，棚式的形式有单坡、双坡、拱形等，一般多用单坡或双坡。棚罩内的空腔不宜过大，一般略大于混凝土构件即可。棚罩式养护多用于大面积水平结构的养护。

3）热模养护

将蒸汽通在模板内进行养护。此法用汽少，加热均匀，既可用于预制构件，又可用于现浇墙体，用于现浇框架结构柱的养护方法见图4-4-1。

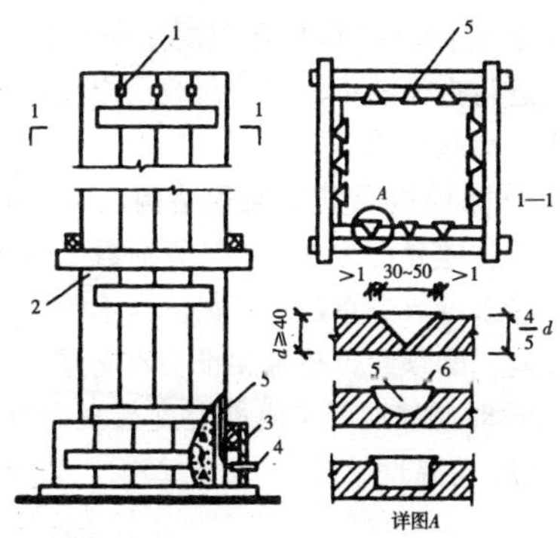

图 4-4-1 柱子用热模法养护

1—出汽孔；2—模板；3—分汽箱；4—进汽管；
5—蒸汽管；6—薄钢板

4.4.2 混凝土拆模

混凝土结构浇筑后，达到了一定强度，方可拆模。模板拆卸日期，应按结构特点和混凝土所达到的强度来确定。

(1) 不承重的侧面模板，应在混凝土强度能保证其表面及棱角不因拆模板而受损坏的情况下，方可拆除。

(2) 承重的模板应在混凝土达到下列强度以后，才可以拆除（按设计强度等级的百分率计）：

板及拱：

跨度为 2m 及小于 2m	50%
跨度为大于 2m 至 8m	75%
梁（跨度为 8m 及小于 8m）	75%
承重结构（跨度大于 8m）	100%
悬臂梁和悬臂板	100%

(3) 钢筋混凝土结构如在混凝土未达到上述所规定的强度时进行拆模及承受部分荷载，应经过计算，复核结构在实际荷载作用下的强度。

(4) 已拆除模板及其支架的结构，应在混凝土达到设计强度后，才允许承受全部计算荷载。施工中不得超载使用，严禁堆放过量建筑材料。当承受施工荷载大于计算荷载时，必须经过核算加设临时支撑。

(5) 拆模时应使混凝土内部温度与表面温度之差、表面温度与大气温度之差不大于25℃，以防止产生裂缝。

4.5 混凝土冬期施工

4.5.1 冬期施工期限划分

规范规定：根据当地多年气温资料，室外日平均气温连续5d稳定低于5℃时，混凝土结构工程的施工应采取冬期施工措施。可以取第一个出现连续5d稳定低于5℃的初日作为冬期施工的起始日期。同样，当气温回升时，取第一个连续5d稳定高于5℃的末日作为冬期施工的终止日期。初日和末日之间的日期即为混凝土冬期施工期。

我国有些地区出现最低气温在0℃以下的日期较短，并不一定需要一整套严格的冬期施工措施，但不能认为温度不太低，混凝土冻一下影响不大，而忽视季节交替、气温突变可能给工程带来的不利影响。

因此，在施工期间应密切注意天气预报，以防气温突然下降，混凝土遭受寒流和霜冻的袭击，造成混凝土早期遭受冻害。

4.5.2 抗冻临界强度

抗冻临界强度是指混凝土经短期养护，能抵抗内部自由水冻胀力的强度，也就是指新浇筑的混凝土达到某一强度时，遭到冻结，但当恢复正温养护后，混凝土的强度还能继续增长，并经28d标养后，后期强度可达设计的混凝土标养28d强度的95%以上时所需要的最优初期强度。

4.5.3 冬期施工用材料要求

(1) 对水泥的要求

配制冬期施工的混凝土，应优先选用硅酸盐水泥或普通硅酸盐水泥，使混凝土早期强度发展快一些，以抵抗混凝土的早期冻害。使用矿渣水泥，宜采用蒸汽养护。使用其他品种水泥，应注意其中掺含材料对混凝土抗冻、抗渗等性能的影响，掺用防冻剂的混凝土，严禁使用高铝水泥。水泥强度等级不应低于42.5级，最小水泥用量不宜少于350kg/m^3。大体积混凝土最小水泥用量根据实际情况确定。

(2) 掺用外加剂的要求

在低温和负温（最低气温不低于-5℃）条件下施工的混凝土，可选用早强剂或早强减水剂。

在负温（日最低气温为-10℃、-15℃、-20℃）条件下施工的混凝土，若采用一定的保温措施，可分别采用规定温度为-5℃、-10℃、-15℃的防冻剂。

防冻剂通常有三种：氯盐类、氯盐阻锈类、无氯盐类。

在钢筋混凝土中掺用防冻剂时，氯盐掺量按无水状态计算不得超过水泥质量的1%。当采用素混凝土时，氯盐掺量不得超过水泥质量的3%；氯盐阻锈剂，可用于钢筋混凝土工程；无氯盐类防冻剂，可用于钢筋混凝土工程和预应力混凝土工程；但硝酸盐、亚硝酸盐、碳酸盐类外加剂不得用于预应力混凝土工程，以及与镀锌钢材或与铝铁相接触部位的钢筋混凝土结构。含有六价铬盐、亚硝酸盐等有毒防冻剂，严禁用于饮水工程及与食品接触的部位。

防冻剂的掺量，可按产品推荐掺量、施工温度，通过试验确定。

防冻剂以液体形式掺用时，使用前应搅拌均匀；以固体粉剂直接加入的防冻剂，如有受潮结块，应磨碎通过0.63mm的筛后方可使用。

掺防冻剂混凝土的配合比，宜符合下列规定：有引气组分防冻混凝土的砂率，比不掺外加剂混凝土的砂率，可降低2%～3%；C20的混凝土水灰比宜采用0.50～0.60；C40混凝土宜采用0.35～0.45；C20混凝土的水泥用量不宜低于300kg/m^3；C40混凝土不宜低于450kg/m^3。重要承重结构、薄壁结构的混凝土可增加10%。

（3）原材料加热

为了保证冬期施工混凝土的拌制温度，主要采取对水、骨料加热的方法，一般优先采用加热水的方法，当加热水仍不能满足要求时，再对骨料进行加热。但其装入搅拌机时的温度，并不代表所需的温度。

水加热方法，可用蒸汽管插入水中喷以蒸汽，或将水放在大锅内生火加热。

骨料加热方法，可用蒸汽直喷，或将骨料置于架起的钢板上，生火翻炒；也可将盘曲蒸汽管埋于骨料堆中，管中通蒸汽烘热。在不太冷的情况下，如白天有太阳时，采取吸收太阳热量，晚间加以覆盖保温的方法。

水及骨料的加热温度，不得超过表4-5-1规定。

水及骨料的加热温度限值表（℃）

表 4-5-1

项目	拌合水态	骨料
强度等级小于 52.5 级的普通水泥、矿渣水泥	80	60
强度等级不小于 52.5 级的硅酸盐水泥、普通水泥	60	40

注：当骨料不加热时，水可加热到 100℃，但水泥不应与 80℃以上的水直接接触。

（4）混凝土所用骨料必须清洁，不得含有冰、雪等冻结物及易冻裂的矿物质。在掺用含有钾、钠离子防冻剂的混凝土中，不得混有活性骨料。

4.5.4 混凝土搅拌、运输和浇筑

（1）混凝土搅拌

在原材料加热时，应注意投料次序；先投入骨料和已加热的水，然后再投入水泥。绝不能使加热的高温水（超过 80℃）直接与水泥接触，以免造成假凝。

掺防冻剂混凝土搅拌时，应有专人管理，严格掌握掺量，控制水灰比，由骨料带入的水分及防冻剂溶液中的水分均应从拌合水中扣除。

混凝土搅拌前，应用热水或蒸汽冲洗搅拌机，搅拌时间应取常温搅拌时间的 1.5 倍。

（2）混凝土运输

冬期混凝土的运输应考虑运输器具的适当保温，或利用运输车的废气进行加热。运输距离应尽量缩短，装卸次数尽量少。在运输过程中的温度损失最好不超过 5 ~6℃。

（3）混凝土浇筑

1）混凝土在浇筑前，应清除模板和钢筋上的冰雪

和污垢，尽量加快混凝土的浇筑速度，防止热量散失过多。混凝土拌合物的出机温度不宜低于10℃，入模温度不得低于5℃。采用加热养护时，混凝土养护前的温度不得低于2℃。

2）要加强混凝土的振捣，尽可能提高混凝土的密实度。采用机械振捣，振捣时间应比常温时有所增加。

3）加热养护整体式结构时，施工缝的位置应设置在温度应力较小处。加热温度超过40℃时，由于温度高，势必在结构内部产生温度应力。因此，在施工之前应征求设计单位的意见，在跨内适当的位置设置施工缝。留施工缝处，在水泥终凝后立即用3~5个大气压的气流吹除结合面的水泥膜、污水和松动石子。继续浇筑时，为使新老混凝土牢固结合，不产生裂缝，要对旧混凝土表面进行加热，使其温度与新浇筑混凝土入模温度相同。

4）为了保证新浇筑混凝土与钢筋的可靠粘结，当气温在-15℃以下时，直径大于25mm的钢筋和预埋件可采用喷热风加热至5℃，并清除钢筋上的污垢和锈渣。

5）冬期不得在强冻胀性地基上浇筑混凝土，因为这种混凝土冻胀变形大，如果地基土遭冻，必将引起混凝土的冻害及变形。在弱冻胀性地基上浇筑时，地基土应进行保温，以免遭冻。

4.5.5 混凝土养护

(1) 蓄热法

蓄热法是利用加热混凝土组成材料的热量及水泥的水化热，并用保温材料（如草帘、草袋、锯末、炉渣等）对混凝土加以适当的覆盖保温，使混凝土在正温条件下硬化或缓慢冷却，并达到抗冻临界强度或预期的强度要求的方法。

1）适用范围

①适用于气温在－10℃以上的预制及现浇工程。

②对表面系数不大于5的构件或构筑物，应优先选用。

2）覆盖材料

①采用厚草帘、保温被等热导率小的材料。

②模板、刨花板、油毡、棉麻毡、帆布等不透风材料。

3）复合做法

①掺用外加剂，提高抗冻能力。

②选用水化热高的硅酸盐水泥或普通水泥，提高混凝土温度。

③与外部加热法（电热法、蒸汽法、暖棚法）结合使用。

4）注意事项

①不是连续浇筑的工程，尽量采用上午浇筑，下午气温较高时蓄热的办法，力争提高混凝土的初期强度。

②每隔2～4h检查一次温度，做好记录。如发现混凝土温度低于施工方案计划的温度时，应采取加覆盖材料、人工加热等补充措施。

③混凝土强度试块，应多备2～3组，以供检验。

④在严寒季节，如无充分把握，不宜采用蓄热法养护。

⑤提倡综合蓄热法，即混凝土掺防冻剂的蓄热法。

（2）暖棚法

暖棚法是在被养护构件或建筑的四周搭设暖棚，或在室内用草帘、草垫等将门窗堵严，采用棚（室）内生火炉；设热风机加热，安装蒸汽排管通蒸汽或热水等热源进行采暖，使混凝土在正温环境下养护至临界强度或预定设计强度。暖棚法由于需要较多的搭盖材料和保温加热设施，施工费用较高。

暖棚法适用于严寒天气施工的地下室、人防工程或建筑面积不大而混凝土工程又很集中的工程。要求暖棚内的温度不得低于5℃，并应保持混凝土表面湿润。

热源通常采用蒸汽、太阳能、电热器等。如采用火炉热源，应安排专人管理热源，防止火灾发生。

（3）蒸汽加热法

蒸汽加热法是用低压饱和蒸汽养护新浇筑的混凝土，在混凝土周围造成湿热环境，以加速混凝土硬化的方法。

蒸汽加热方法有内部通汽法、毛管法和汽套法。常用的是内部通汽法，即在混凝土内部预留孔道，让蒸汽通入孔道加热混凝土。

留孔位置应在受力最小的部位，孔道的总截面面积不应超过结构截面面积的2.5%。

硅酸盐水泥及普通水泥拌制的混凝土温度不得超过80℃，对矿渣水泥和火山灰质硅酸盐水泥拌制的混凝土可提高到85～95℃。

降温是指混凝土停止蒸汽养护阶段。在降温阶段会引起混凝土失水，表面干缩。如降温过快，内外温度差会使混凝土表面产生裂缝，因此降温速度应符合表4-5-2的规定。

加热养护混凝土的升降温速度　　表4-5-2

项次	表面系数	升温速度（℃/h）	降温速度（℃/h）
1	≥6	5	10
2	<6	15	5

(4) 远红外加热法

远红外加热法是通过热源产生的红外线，穿过空气冲击可吸收它的物质分子，射线射到物质原子的外围电子可能使分子产生激烈的旋转和振荡运动发热，使混凝土温度升高从而获得早期强度的方法。由于混凝土直接吸收射线变成热能，因此其热量损失要比其他养护方法小得多。产生红外线的能源有电源、天然气、煤气和蒸汽等。远红外加热适用于薄壁钢筋混凝土结构、装配式钢筋混凝土结构的接头混凝土、固定预埋件的混凝土和施工缝处继续浇混凝土处的加热等。一般辐射距混凝土表面应大于300mm，混凝土表面温度宜控制在70~90℃。为防止水分蒸发，混凝土表面宜用塑料薄膜覆盖。

4.5.6 冬期施工质量检查

为保证冬期施工混凝土的质量，主要是通过检查材料的质量、用量和测量有代表性的温度等方法来控制。

(1) 检查外加剂的掺量

测量水和外加剂溶液以及骨料的加热温度和加入搅拌时的温度；测量混凝土自搅拌机中卸出时和浇筑时的温度，每一工作班至少应测量检查四次。现场环境温度每天2、8、14和20时共测量四次，且宜从符合气温测量标准的百叶箱中测得。

(2) 混凝土养护温度的测量

当采用蓄热法养护温度时，在养护期间至少每日6h一次；对掺用防冻剂的混凝土，在强度未达到3.5MPa以前每2h测定一次，以后每6h测定一次；当采用蒸汽法或电热法养护时，在升温、降温期间每1h一次，在恒温期间每2h一次。

测量时，全部测孔均应编号，并绘制测孔布置图。为获得可靠的混凝土强度值，应在最有代表性的测温处测温。采用蓄热法养护时，应在易于散热的部件设置；当采用加热养护时，应在距离热源的不同位置分别设置；大体积结构应在表面及内部分别设置；检查拆模测点应布置在应力最大部位等。测温一般可用温度计、各种温度敏感元件及热电偶等方式进行。当用温度计测温时，在测点处应预留测温孔，孔内有1/4高度处用机油或其他不冻液填充。温度计的尾端应有足够长度，使读数时不需将温度计取出。温度计放入孔内至读数的时间间隔应不小于3min。用热电偶测量混凝土的温度较为可靠，铬镍—镍铜热电偶直径0.5mm的导线最宜作工地测温用。热电偶的长度根据测试仪器与测点的距离确定，一般不要超过100m。根据测点数量，最好把热电偶与多点开关相接，以便操作。一般蓄热法养护每昼夜应测四次，人工加热在升温期间每30～60min测一次，恒温期间每2h测一次，直至混凝土达到所需强度为止。

（3）混凝土试件的留制

除常规外，冬期混凝土尚应增设不少于两组与结构同条件养护的试件，分别用于检查受冻前的混凝土强度和转入常温养护28d的混凝土强度。试件不得在冻结状态下试压。100mm立方体试件，应在15～20℃室内解冻3～4h或浸入10℃的水中解冻3h；150mm立方体试件应在15～20℃室内解冻3h；150mm立方体试件应在15～20℃室内解冻5～6h或浸入10℃的水中解冻6h，试件擦干后试压。

（4）记录所有各项测量及检查结果

测量结果均应填写到“混凝土工程施工记录”和“混凝土冬期施工日报”。

4.6 几种常用结构混凝土施工技术

4.6.1 大体积混凝土

大体积混凝土一般是指混凝土结构截面尺寸已大到必须采取相应措施妥善处理温度差值，合理解决温度应力并控制裂缝开展的混凝土结构。

（1）大体积混凝土产生裂缝的主要原因

1）水泥水化热影响

水泥在水化反应过程中产生大量的热量，这是大体积混凝土内部温升的主要热量来源。由于大体积混凝土截面厚度大，水化热聚集在结构内部不易散发，引起混凝土结构内部急剧升温，在浇筑后3~5d内，混凝土内部的温度最高，每立方米混凝土中的水泥用量，每增减10kg其水化热将使混凝土的温度相应升降1℃，对于普通混凝土控制在每立方米混凝土水泥用量不超过400kg。

随着混凝土龄期的增长，其弹性模量和强度不断提高，对混凝土降温收缩变形的约束也越来越强，产生很大的温度应力，当混凝土的抗拉强度不足以抵抗此温度应力时，便容易产生温度裂缝。

2）内外约束条件的影响

各种混凝土结构在变形中，必然受到一定的约束，从而阻碍其自由变形，约束又分为内约束和外约束。

混凝土在早期温度上升时，产生的膨胀变形受到约束面的约束而产生压应力，此时混凝土的弹性模量很小，徐变和应力松弛均较大，混凝土与基层连接不太牢固，因而压应力较小。但当温度下降时，则产生较大的拉应力，若超过混凝土的极限抗拉强度，混凝土将会出现垂直裂缝。

3）外界气温变化的影响

混凝土内部温度是由浇筑温度、水泥水化热的绝热温升和结构的散热温度等各种温度之和组成。浇筑温度与外界气温有着直接关系，外界气温越高，混凝土的浇筑温度也越高；如果外界气温下降，会增加混凝土的温度梯度，特别是气温骤然下降，会大大增加外层混凝土与内部混凝土的温差，因而会造成过大的温度应力，易使大体积混凝土出现裂缝。

温度应力是由温差引起的变形所造成的，温差越大，温度应力也越大。因此，采取合理的温度控制措施，控制混凝土表面温度与外界气温的温差，是防止混凝土产生裂缝的另一个重要措施。

4）混凝土收缩变形的影响

混凝土收缩变形的影响，主要包括塑性收缩变形和体积变形两个方面。

①混凝土的塑性收缩变形。在混凝土硬化之前，混凝土处于塑性状态，如果上部混凝土的均匀沉降受到限制，如遇到钢筋、大的混凝土骨料或者平面面积较大的混凝土，其水平方向的减缩比垂直方向更难时，就容易形成一些不规则的混凝土塑性收缩性裂缝。这种裂缝通常是互相平行的，间距一般为0.2～1.0m，并且有一定的深度，它不仅可以发生在大体积混凝土中，而且可以发生在平面尺寸较大、厚度较薄的结构构件中。

②混凝土的体积变形。混凝土在水泥水化过程中要产生一定的体积变形，但多数是收缩变形，少数为膨胀变形。掺入混凝土中的水逐渐蒸发，随着混凝土的不断

干燥而使吸附水逸出，就会出现干缩变形。

除上述干燥收缩外，混凝土还会产生碳化收缩变形。即空气中的二氧化碳与混凝土中的氢氧化钙反应生成碳酸钙和水，这些结合水会因蒸发而使混凝土产生收缩变形。

（2）大体积混凝土裂缝控制的技术措施

大体积结构的裂缝，绝大多数是由温度的原因而产生的，因此防止产生温度裂缝是大体积混凝土施工的关键。

1）选用中、低热水泥品种

选用中、低水化热的水泥（如矿渣水泥、火山灰质水泥、粉煤灰水泥或抗硫酸盐水泥等）配制混凝土。例如：强度等级为42.5级的普通硅酸盐水泥，其3d的水化热高达250kJ/kg；强度等级为42.5级的矿渣硅酸盐水泥，其3d的水化热为180kJ/kg；强度等级为42.5级的火山灰硅酸盐水泥，其3d的水化热仅为同强度等级普通硅酸盐水泥的60%。

2）掺加外加剂和外掺料

①掺加外加剂

大体积混凝土中掺加的外加剂主要是木质素磺酸钙（简称木钙）。在泵送混凝土中掺入水泥质量的0.2%~0.3%，它不仅能使混凝土的和易性有明显的改善，而且可减少10%左右的拌合水，混凝土28d的强度可提高10%~20%；若不减少拌合水，坍落度可提高10cm左右；若保持强度不变，可节省水泥10%，从而降低水化热。

②掺加外掺料

在混凝土中掺入一定量的粉煤灰取代水泥，可以起到显著改善混凝土和易性，满足混凝土的可泵性，降低混凝土水化热的效能。

3）优选骨料

大体积混凝土中组成混凝土的砂石料约占混凝土总质量的85%，所以正确选用砂石料对保证混凝土质量十分重要。

①粗骨料的选择

宜优先选择自然连续级配的粗骨料。经验证明，采用5～40mm石子比采用5～20mm石子每立方米混凝土可减少用水量15kg左右，在相同水灰比的情况下，水泥用量可节约20kg，混凝土温升可降低2℃。但是，骨料粒径增大后，容易引起混凝土的离析，影响混凝土的质量。

②细骨料的选择

以采用优质的中粗砂为宜，细度模数宜在2.6～2.9范围内，这样可以降低混凝土的温升和减少混凝土的收缩。

③骨料的质量要求

石子的含泥量不得大于1%，砂的含泥量不得大于2%。

4）控制混凝土出机和浇筑温度

①控制混凝土的出机温度

降低混凝土的出机温度，其最有效的办法就是降低砂石的温度。如在拌合前用冷水冲洗粗骨料，在储料仓中通冷风预冷，再加上冰屑拌合等方法。

②控制混凝土浇筑温度

混凝土的浇筑温度越低，对于降低混凝土内外温差越有利。混凝土的浇筑温度不宜超过25℃，特殊情况下，混凝土最高浇筑温度控制在35℃内为宜。

5）延缓混凝土降温速率

混凝土浇筑后，减少混凝土的暴露面和暴露时间，以适当的材料加以覆盖，采取保湿和保温措施，不仅可以减少升温阶段的内外温差，防止产生表面裂缝，而且可以使水泥顺利水化，提高混凝土的极限拉伸值，防止产生过大的温度应力和温度裂缝。

6）提高混凝土极限拉伸值

对浇筑后未初凝的混凝土进行二次振捣，能提高混凝土的抗裂性。二次振捣的恰当时间是指混凝土振捣后尚能恢复到塑性状态的时间。掌握二次振捣恰当时间的方法是，将运转的振捣棒以其自身重力逐渐插入混凝土中进行振捣，混凝土在振捣棒慢慢拔出时能自行闭合，不会在混凝土中留下孔穴，则可以认为此时施加二次振捣是适宜的。

在实际工程正式采用二次振捣前必须经过试验确定，避免由于失误而造成“冷接头”等质量问题。

改善混凝土搅拌工艺，可采用二次投料的砂浆裹石或净浆裹石的搅拌新工艺，可以使混凝土强度提高10%左右，相应地提高了混凝土的抗拉强度和极限抗拉值。当混凝土强度基本相同时，可减少7%左右的水泥用量，从而也减少了水化热。

7）改善边界约束和构造设计

①合理分段浇筑

当大体积混凝土结构的尺寸过大时，可采用合理分段浇筑，即增设“后浇带”的方法进行浇筑。

“后浇带”的间距，在正常情况下为20～30m，保留时间一般不宜小于40d，带宽以70～100cm为宜，其混凝土强度等级比原结构提高 5～10MPa，湿养护不得少于 15d。“后浇带”的构造如图 4-6-1 所示。

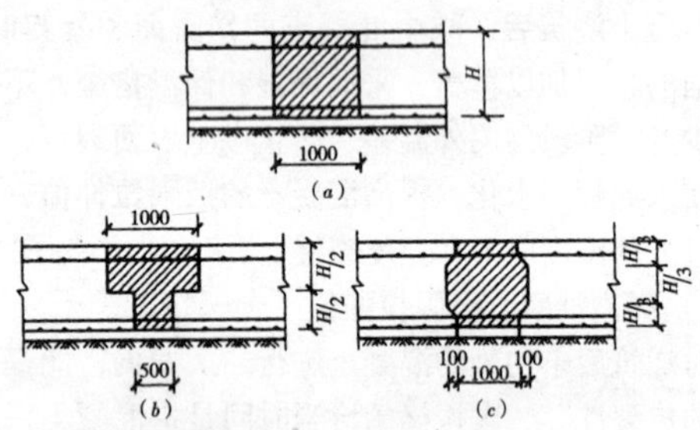

图 4-6-1　后浇带构造

(a) 平接式；(b) T 字式；(c) 企口式

②合理配置钢筋

为了提高混凝土结构的抗裂性能，采取增加配置构造钢筋的方法，可使构造筋起到温度筋的作用，这样能有效地提高混凝土的抗裂性能。

配置构造钢筋应尽可能采用小直径、小间距，全截面对称配筋布置，这样可以极大地提高抵抗贯穿性开裂的能力，配筋率应控制在 0.3%～0.5% 之间。

③设置滑动层

在遇到约束强的岩石类地基、较厚的混凝土垫层时，可在接触面上设置滑动层。滑动层的做法：涂刷两道热沥青加铺一层沥青油毡；铺设 10～20mm 厚的沥青砂；铺设 50mm 厚的砂或石屑层等。

④避免应力集中

在结构的孔洞周围、变断面转角部位、转角处会因为应力集中而导致混凝土裂缝。为此，可在孔洞四周增配斜向钢筋、钢筋网片；在变断面处避免断面突变，可作局部处理使断面逐渐过渡，同时增配一定量的抗裂钢筋，对防止裂缝产生有很大作用。

⑤设置缓冲层

在高、低底板交接处、底板地梁处等，用30～50mm厚的聚苯乙烯泡沫塑料作垂直隔离，以缓冲基础收缩时的侧向压力。缓冲层构造示意如图4-6-2所示。

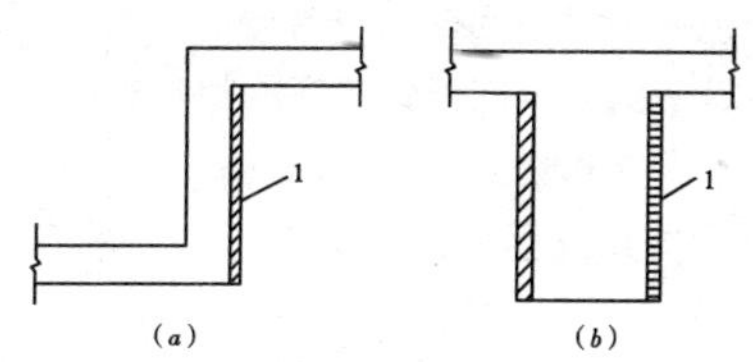

图4-6-2 缓冲层构造示意
(a) 高、低底板交接处；(b) 底板地梁处
1—聚苯乙烯泡沫塑料

⑥设置应力缓和沟

设置应力缓和沟，即在混凝土结构的表面，每隔一定距离（结构厚度的1/5）设置一条沟。设置应力缓和沟后，可将结构表面的拉应力减少20%～50%，能有效地防止表面裂缝的发生。

8）加强测温工作，控制内外温差

为防止混凝土内部温度和表面温度、表面温度和外界温度的温差均大于25℃，必须加强测温工作，防止混凝土裂缝的出现。可在混凝土内部不同部位埋置铜热传感器，用混凝土温度测定记录仪进行施工全过程的跟踪监测。

测温记录要求：

第1～5d，每2h测温一次；

第6～21d，每4h测温一次；

第22～30d，每8h测温一次。

9）充分利用混凝土后期强度

可根据结构实际承受荷载的情况，对结构的强度和刚度进行复核，并取得设计单位、监理单位和质量检查部门的认可后，采用f_{60}或f_{90}强度替代f_{28}强度作为混凝土的设计强度，这样可使每立方米混凝土的水泥用量减少40～70kg，混凝土水化热温升也相应降低4～7℃。

10）加速混凝土内部热量散发

在混凝土结构内部设置循环冷却水管或通风管，以加速混凝土内部热量散发。

（3）大体积混凝土施工要点

1）混凝土的运输和布料

运送混凝土的车辆应满足均匀、连续供应混凝土的需要。必须有完善的调度系统和装备，根据施工情况指挥混凝土的运送，减少停滞时间。在盛夏和冬季罐车应有隔热保温材料覆盖。

2）混凝土的浇筑

①浇筑方式：

a. 全面分层，见图4-6-3（a）。在整个结构物内，采取全面分层浇筑混凝土，做到第一层全面浇筑完毕后，开始浇筑第二层时，已施工的第一层混凝土还未初凝，如此逐层进行，直至浇筑完成。这种方案适用于结构物的平面尺寸不太大的工程，施工时宜从短边开始，沿长边推进；也可分为两段，从中间向两端，从两端向中间同时进行。

b. 分段分层，见图4-6-3（b）。适用于厚度不太大而面积或长度较大的工程。施工时混凝土先从底层开始浇筑，进行一定距离后浇筑第二层，如此依次向前浇筑其他各层。

c. 斜面分层，见图4-6-3（c）。适用于结构的长度超过厚度三倍的结构物。振捣工作应从浇筑层的下端开始，逐渐上移，此时向前推进的浇筑混凝土摊铺坡度应小于1:3，以保证分层混凝土之间的施工质量。

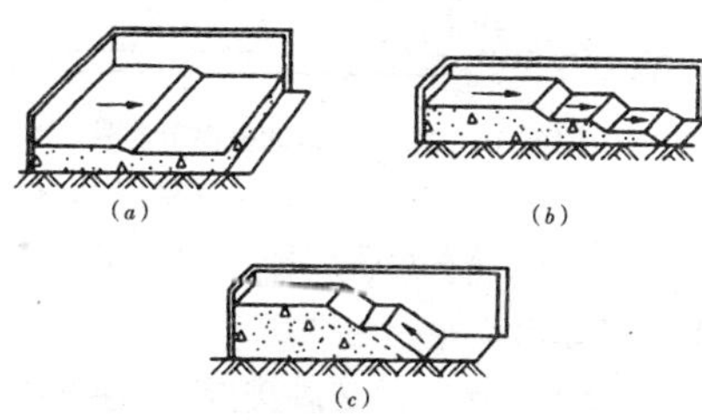

图4-6-3　大体积混凝土浇筑方案

(a) 全面分层；(b) 分段分层；(c) 斜面分层

分层的厚度决定于振动器的棒长和振动力的大小，也要考虑混凝土的供应量大小和可能浇筑量的多少，一般为20～30cm。插入式振动器应伸入下层50cm为宜。

d. 大体积混凝土基础由于其体形大，混凝土量大，而且流动性强，特别是上口浇筑点，当插入式振动器振捣后，混凝土无法形成踏步式分段分层的浇筑方案。针对这种情况，可采用“分段定点、一个坡度、薄层浇筑、循序推进、一次到顶”的方法，如图4-6-4所示。只有当基础厚度小于1.5m以内，方可考虑采用分段分层踏步式推进的浇筑方法。

②大流动性混凝土在浇筑、振捣过程中，上涌的泌水和浮浆必须排除，否则将影响基础表面强度，其处理方法为：

a. 在基础垫层施工时，预先做出20mm的坡度，同时两侧模板在底部每隔一定距离留出预留孔，使大部分泌水顺着混凝土坡面流到坑底，再顺着垫层坡度流向两侧，从模板预留孔中流出，少量来不及排除的泌水，随着混凝土浇筑向前推进，被赶至基坑顶端，由顶端模板

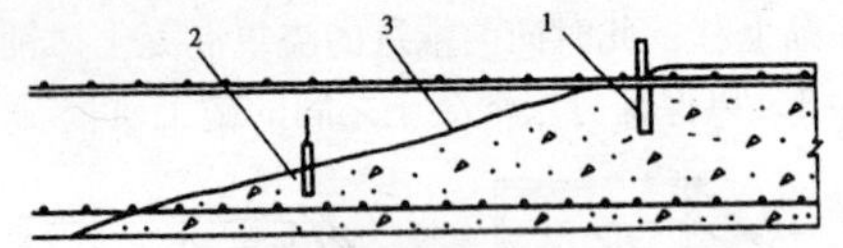

图 4-6-4　混凝土浇筑和振捣示意图

1—卸料点混凝土振捣；2—坡脚处混凝土振捣；

3—混凝土振捣后形成的坡度

下部的预留孔排出坑外。

b. 当混凝土大坡面的坡脚接近顶端模板时，改变混凝土浇筑方向，即从顶端往回浇筑，与原斜坡相交成一个集水坑，用泥浆泵排除最后阶段的所有泌水。

③表面处理：大体积混凝土表面水泥浆较厚，在混凝土浇筑过程中要及时认真处理，其处理方法为：当混凝土浇筑至一定距离后，部分混凝土表面已浇筑完 4～5h 后，即应初步按标高用长刮尺刮平，在初凝前（因混凝土一般均加木钙减水剂，初凝时间延长至 6～8h）用铁滚筒滚压数遍，再用木抹打磨压实，以闭合收水裂缝，约 12～14h 后，覆盖 1～2 层塑料薄膜和 2 层草包（夏天应浇水湿润），随着浇筑混凝土的向前推进，表面处理也随着跟进直至结束。

④施工除预留后浇带尽可能不再设施工缝，如有特殊情况必须设施工缝时应按后浇缝处理。

⑤雨期施工时，应采取搭设雨篷或分段搭雨篷的办法进行浇筑，一般均要事先做好防雨措施。

3）混凝土的养护

混凝土应在浇筑完毕，立即覆盖洒水养护，以保持混凝土表面经常湿润为原则，模板上亦应经常洒水。

混凝土的养护时间，应根据水泥品种而定。利用后期强度以及在干燥、炎热气候条件下，应延长养护时间，至少养护28d；对裂缝有严格要求时，应再适当延长。

一般地下工程混凝土拆模后应迅速填土（保温与保湿），不得使混凝土长期裸露，当外界气温低于5℃时，不得浇水养护。

混凝土的温度控制。当设计无特殊要求时，混凝土硬化期的实测温度应符合下列规定：

①混凝土内部温差（中心与表面下100mm或50mm处）不大于25℃。

②混凝土表面温度（表面以下100mm或50mm）与混凝土表面外50mm处的温度差不大于25℃；对于补偿收缩混凝土，允许介于30~35℃之间。

③混凝土降温速度不大于1.5℃/d。

④撤除保温层时，混凝土表面与大气温差不大于20℃。

4.6.2 高性能混凝土

高性能混凝土（High Performance Concrete）是在大幅度提高常规混凝土性能的基础上采用现代混凝土技术，选用优质原材料，除水泥、水、集料外，必须掺加足够数量的活性细掺合料和高性能外加剂的一种新型高技术混凝土。它具有高耐久性和高强度、优良的工作性等特点。

由于高性能混凝土系采用常规材料配制生产和常规工艺施工，总体上来讲，高性能混凝土的生产和施工与普通混凝土相同。但由于高性能混凝土的综合性能要求高，在混凝土生产和施工过程中的质量控制具有较严格的要求。

(1) 原材料要求

1) 水泥

配制高性能混凝土宜选用强度等级不低于42.5级的优质硅酸盐水泥或普通硅酸盐水泥；水泥中的碱含量应与所配制的混凝土的性能要求相匹配，在含碱活性骨料应用较集中的环境下，应限制水泥的总碱含量($Na_2O+0.658k_2O$)不超过0.6%。

2) 外加剂

配制高性能混凝土的外加剂，其质量应符合现行标准《混凝土外加剂》(GB 8076)及《混凝土泵送剂》(JC 473)等的规定。应选用减水率高的高效减水剂或缓凝高效减水剂。外加剂应经质量检测并试配后选定。

3) 矿物细掺合料。

在高性能混凝土中加入较大量的磨细矿物掺合料，可以降低温升，改善工作性，增进后期强度，改善混凝土内部结构，提高耐久性等作用。高性能混凝土应首选需水量小的矿物细掺合料。高性能混凝土中的水胶比是指水与水泥加矿物细掺合料之比。

高性能混凝土所用粉煤灰要选用含碳量低，需水量小以及细度大的Ⅰ级或Ⅱ级粉煤灰。低水胶比的大掺量粉煤灰混凝土可以有很好的性能(粉煤灰占胶凝材料总量可达50%以上)，虽然早期强度在常温下尚不够理想，但后期强度得到较大增长，养护温度越高，强度增长越显著。

磨细矿渣作为掺合料使用，活性可以得到很好激发，混凝土多项性能得到改善和提高，当水胶比为0.30，磨细矿渣掺量达到1:1（与水泥用量比）时，其28d强度比纯水泥混凝土还高。另外，掺磨细矿渣的高性能混凝土对海水侵蚀，抗硫酸盐侵蚀以及抑制碱-骨料反应都是十分有效的。

用于高性能混凝土的细沸石粉，平均粒径小于10μm，因而能降低新拌混凝土的泌水与离析，提高混凝土的密实性，使强度提高，耐久性改善。

硅粉最主要的品质指标是SiO_2含量和细度。SiO_2含量越高、细度越细其活性越高。以10%的硅粉等量取代水泥，混凝土强度可提高25%以上，硅粉掺量越高，需水量越大，自收缩越大，因此一般将硅粉的掺量控制在5%~10%之间，并用高效减水剂来调节需水量。

在我国因硅粉产量低，价格高，出于经济考虑，一般混凝土强度高于80MPa时才考虑掺用硅粉。

4）骨料

①粗骨料

品种应选择质地坚硬未风化的岩石，如石灰岩、辉绿岩、玄武岩等。

粒形与级配：配制高性能混凝土应选用针片状含量少的石子，石子有良好的级配，使填充空隙的砂浆量减少；配制高性能混凝土应采用连续级配的石子。配制高强度等级混凝土使用碎石或碎卵石，要优于卵石。

粒径：高性能混凝土选用粒径较小的石子，石子合理的最大粒径见表4-6-1。

高性能混凝土石子的合理的最大粒径　　表4-6-1

强度等级	石子最大粒径（mm）
C50以下	按施工要求选择
C60	≤20
C70	≤15
C80	≤10

目前我国水泥含碱量普遍较大，高性能混凝土如果选用具有潜在碱活性的石子，应该采取抑制碱-骨料反应的措施，控制混凝土中总的碱含量。

粗骨料的品种和弹性模量对混凝土的弹性模量有较大影响，试验证明，在配合比相同的情况下，石灰岩和辉绿岩配制的混凝土弹性模量高于花岗岩、砂岩配制混凝土的弹性模量。

②细骨料

高性能混凝土的细骨料宜优先选用细度模数为2.6～3.2的中粗砂，同时应控制砂的级配、粒形、含杂质量和石英含量。当采用人工砂时，则更应注意控制砂的级配和含粉量。

（2）高性能混凝土的施工要点

1）配料

①严格控制配制高性能混凝土原材料的质量，如水泥不仅应抽样复试，而且应该做快测强度以及凝结时间的试验。

②高性能混凝土的配料更适宜商品化生产方式。严禁在拌合物出机后加水，必要时可在搅拌车中二次添加高效减水剂。高效减水剂可采用粉剂或水剂，并应采用后掺法。当采用水剂时，应在混凝土用水量中扣除溶液用水量；当采用粉剂时，应适当延长搅拌时间（不少于30s）。

2）搅拌

需用拌合性能好的强制式搅拌设备，亦可使用卧轴式搅拌机，禁止使用自落式搅拌机。

高性能混凝土拌合物的特点之一是坍落度经时损失快。控制坍落度经时损失的方法，除选择与水泥相融性好的高效减水剂外，可在搅拌时延迟加入部分高效减水剂或在浇筑现场搅拌车中调整减水剂掺量。拌制高性能混凝土投料顺序见图 4-6-5。

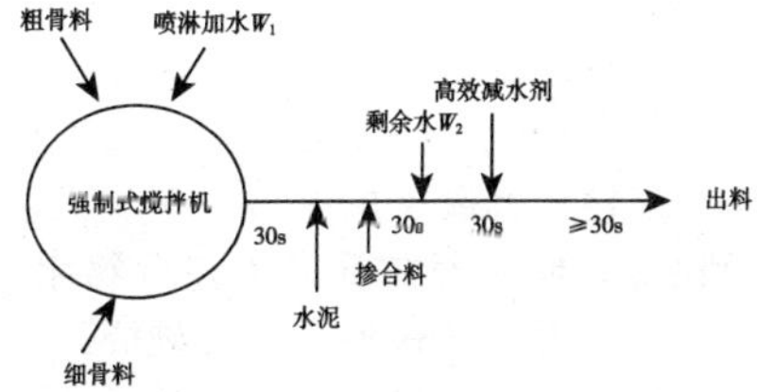

图 4-6-5　拌制高性能混凝土投料顺序图

高性能混凝土的搅拌时间，应该按照搅拌设备的要求，一般现场搅拌时间不少于 160s，预拌混凝土搅拌时间不少于 90s。

目前施工现场常用喂料方式如图 4-6-6。

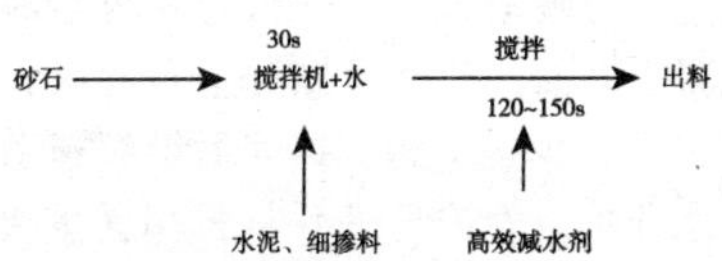

图 4-6-6　施工现场常用喂料方式

3）浇筑

混凝土浇筑下料高度超过 2m 时应采用串筒。浇筑时要均匀下料，控制速度，防止空气进入。除自密实高性能混凝土外，应采用振动器捣实，一般情况下应用高频振动器。混凝土浇筑应连续进行，施工缝应在混凝土浇筑之前确定，不得随意留置。不同强度等级混凝土现浇相连接时，接缝应设置在低强度等级构件中并离开高强度等级构件一定距离。当接缝两侧混凝土强度等级不同且分先后施工时，可在接缝位置设置固定的筛网（孔径 5mm×5mm），先浇筑高强度等级混凝土，后浇筑低强度等级混凝土。

高性能混凝土最适于泵送，泵送的高性能混凝土宜采用预拌混凝土。高性能混凝土的工作性还包括易抹性。高性能混凝土胶凝材料含量大，细粉增加，水胶比低，使高性能混凝土拌合物十分黏稠，难于被抹光，表面会很快形成一层硬壳，容易产生收缩裂纹，所以要求尽早安排多道抹面程序，建议在浇筑后 30min 之内抹光。其他浇筑注意事项同普通混凝土。

4）养护

为了提高混凝土的强度和耐久性，防止收缩裂缝产生，其中很重要的措施就是混凝土浇筑后立即喷养护剂或用塑料薄膜覆盖。用塑料薄膜覆盖时，应使薄膜紧贴混凝土表面，初凝后掀开塑料薄膜，用木抹子搓平表面，且至少搓 2 遍。搓完后继续覆盖，待终凝后立即浇水养护。养护时间不少于 7d（重要构件养护 14d）。应该注意：尽量减少用喷洒养护剂来代替水养护。

养护期间混凝土内部最高温度不应高于 75℃，并应采取措施使混凝土内部与表面的温度差小于 25℃。

4.6.3 自密实高性能混凝土

自密实高性能混凝土是指混凝土拌合物具有很高的流动性而不离析、不泌水，能不经振捣在自重作用下自动流平，并充满模板并包裹钢筋的混凝土。自密实混凝土，特别是用于难以浇筑甚至无法浇筑的部位，可避免出现因振捣不足而造成的空洞及蜂窝、麻面等质量缺陷。

(1) 自密实高性能混凝土原材料要求

1) 胶凝材料

除大体积混凝土外，强度等级不低于32.5级的水泥都可以选用。

矿渣比粉煤灰活性高，而需水性大，抗离析性差，粉煤灰比矿渣抗碳化性能差，但需水性小，收缩少。按适当比例同时掺用粉煤灰和矿渣，则可取长补短。

2) 骨料

粗骨料的最大粒径当使用卵石时为25mm，使用碎石时为20mm。

砂子应选用中粗砂，以偏粗为好。应严格控制砂中细颗粒的含量和砂石含泥量。同时要保证0.63筛的累计筛余大于70%，0.35筛的累计筛余大于98%。

3) 外加剂

要求使用高效减水剂，自密实高性能混凝土多采用高性能引气型的减水剂。

(2) 自密实高性能混凝土的配合比

自密实混凝土的配合比与相同强度等级的普通混凝土相比，有较大的浆骨比，即较小的骨料用量，胶凝材料总量一般要超过500kg/m^3；砂率较大，即粗骨料用量较小，砂率最大可达50%左右；使用高效减水剂，必须掺用大量矿物掺合料，掺合料总掺量一般大于胶凝材料总量的30%，为了保证耐久性，水胶比一般不宜大于0.4。

自密实混凝土配合比的实例如表4-6-2所示。

自密实混凝土配合比实例 **表 4-6-2**

工程名称	混凝土原材料用量（kg/m^3）						现场实际强度（d/MPa）
	水	水泥	掺合料	砂	石	外加剂	
某工程高抛自密实混凝土试点	17.2	42.5 级 420	180	750	856	CABR-SF 0.34%	28/834
北京恒基中心地下墙、顶板	200	42.5 级 280	粉煤灰 175	830	830	DFS 0.75% UEA 33kg	28/37.5
北京凯旋大厦梁、板、柱	200	32.5 级 381	粉煤灰 148	786	760	SN 1.8% VEA 20kg	28/53.3

（3）自密实混凝土施工的特点

由于自密实混凝土的组成材料多，所以必须注意搅拌均匀，目前多采用双卧轴强制式搅拌机，搅拌时间比普通混凝土的长1～2倍，搅拌不足的拌合物不仅因不均匀而影响硬化后的性质，而且在泵送出管后流动性进一步增大，会产生离析现象。投料顺序最好是先搅拌砂浆，最后投入粗骨料。

一般来说，自密实混凝土适合于泵送浇筑，墙或柱的浇筑高度可在4m左右。

4.6.4 清水混凝土

所谓清水混凝土，是指采用现浇工艺一次成形，且在拆除模板后不再作任何外部抹灰等工序，以混凝土自然色作为饰面的混凝土施工工艺。

（1）清水混凝土材料要求

1）水泥

宜选用硅酸盐水泥、普通硅酸盐水泥和矿渣硅酸盐水泥，且强度等级不低于42.5级。采用的水泥必须符合现行国家标准《通用硅酸盐水泥》(GB 175—2007)的规定。

同一工程的水泥应为同一厂家生产、同一品种、同强度等级、同批号，且采用同一熟料磨制，颜色均匀的水泥。

2）骨料

① 所用骨料必须符合现行国家标准《建筑用砂》(GB/T 14684)、《建筑用卵石、碎石》(GB/T 14685)等要求。粗骨料强度应符合现行国家标准《普通混凝土用砂、石质量及检验方法标准》(JGJ 52—2006)的规定，岩石的抗压强度应为混凝土抗压强度的1.5倍以上。

② 所用粗骨料应连续级配良好，颜色均匀、洁净，含泥量小于1%，泥块含量小于0.5%，针片状颗粒不大于15%。

③ 细骨料应选择质地坚硬、级配良好的河砂或人工砂，其细度模数应大于2.6（中砂），含泥量不应大于1.5%，泥块含量不大于1%。

④ 在同一工程中使用的骨料应为同一生产厂家产品。

⑤ 经常受潮部位的清水混凝土，选择骨料时应考虑防止碱-骨料反应的措施，宜选用非碱活性骨料，如受资源限制，不能选用非碱活性骨料时，可有条件地使用低碱活性骨料，但须依据国家相关规程进行试验，证明拟采用的抑制措施能够有效地抑制碱-骨料反应。

⑥ 严禁使用碱活性骨料。

3）掺合料

若用粉煤灰则需Ⅱ级以上，颜色要基本一致。

4）外加剂

外加剂要求与水泥品种相适应，并具有明显的减水效果，能够改善混凝土的各项工作性能，使用的外加剂必须符合现行标准《混凝土外加剂》(GB 8076)的要求。

5）拌合及养护用水

应符合现行《混凝土用水标准》(JGJ 63—2006)的规定。

需特别强调的是，一定要确保所选原材料配制的混凝土颜色符合设计要求，特别要注意水泥、掺合料、外加剂等原材料本身的颜色对混凝土颜色的影响。

（2）清水混凝土配制要求

1）配合比设计要求

① 砂率宜在35%～42%的范围内，水泥用量不应低于300kg/m^3；在满足技术要求的前提下，宜采用低胶结材料用量；粗骨料用量不宜低于1000kg/m^3；级配连续均匀，细骨料用量不宜低于620kg/m^3。同时，为满足体积稳定性的要求，各等级混凝土的最大水胶比不宜超过0.45。

② 混凝土的坍落度值较基准混凝土作相应增加。

③ 清水混凝土中掺合料取代水泥的最大用量宜符合下列要求：

硅粉不大于10%。

粉煤灰不大于35%。

磨细矿渣粉不大于60%。

天然沸石粉不大于15%。

④ 处于经常潮湿且受冻融的环境的清水混凝土，应优先采用含引气成分的外加剂，含气量宜在2%～4%，预应力结构的清水混凝土中含气量适当减小。

⑤ 其他同普通混凝土。

2）制备拌合物性能要求

① 严格控制预拌混凝土的原材料掺量精度，允许偏差不超过1%。

② 控制好混凝土搅拌时间，清水混凝土的搅拌应采用强制式搅拌机，且搅拌时间比普通混凝土延长20～30s。

③ 制备成的清水混凝土拌合物应颜色均匀，无可见色差。

④ 制备成的清水混凝土拌合物工作性能优良，无离析泌水现象，90min的坍落度经时损失应小于30%。

⑤ 清水混凝土拌合物经运输，到达现场后的坍落度应满足：用于浇筑柱体的混凝土宜为150±10min；用于浇筑墙、梁、板的混凝土宜为170±10mm。

⑥ 为了保证清水混凝土表面观感一致，相邻清水混凝土结构构件的混凝土强度等级宜一致，且相差不宜大于 2 个强度等级。

（3）清水混凝土施工要点

1）隔离剂的选择

选择隔离剂时，需要充分了解其性能特点。同时隔离剂必须保证不改变混凝土的本色，且不在硬化混凝土表面留下污斑和色差。

2）模板的选择

清水混凝土施工用的模板必须具有足够的刚度，模板表面要平整光洁。模板接缝要严密，不允许漏浆。

清水混凝土施工应优先选用竹质或木质模板。

3）清水混凝土浇筑

① 混凝土拌合物从搅拌结束到施工现场浇筑不宜超过 1.5h，在浇筑过程中，严禁添加配合比以外用水。

② 混凝土浇筑前，清理模板内的杂物，完成钢筋、管线的预留预埋，施工缝的隐蔽工程验收工作。

③ 混凝土浇筑先在根部浇筑 30 ~ 50mm 厚与混凝土同配比的去石子水泥砂浆后，随铺砂浆随浇混凝土。

④ 浇筑混凝土，每层控制在 400 ~ 500mm。混凝土自由下料高度应控制在 2m 以内。如果混凝土落差超过 2m，应在布料管上接下料软管，以控制下料高度不超过 2m。

⑤ 混凝土浇筑时，应保证浇筑的连续性，尽量缩短浇筑时间间隔，避免分层面产生冷缝。

⑥ 混凝土振点应从中间向边缘分布，且布棒均匀，层层搭扣，遍布浇筑的各个部位，并应随浇筑连续进行；振动棒的插入深度要大于浇筑层厚度，插入下层混凝土中 50 ~ 100mm。振捣过程中应避免撬振模板、钢

筋，每一振点的振动时间，应以混凝土表面不再下沉、无气泡逸出为止，一般为20~30s，避免过振发生离析。

⑦ 其他同普通混凝土。

4）清水混凝土养护

清水混凝土施工不宜冬期施工。常温施工时，清水混凝土墙、柱拆模后应立即养护，采用定制的塑料薄膜套包裹，外挂阻燃草帘，洒水养护。不得用草帘直接覆盖，避免污染墙面，覆盖塑料薄膜前和养护过程中都要洒水保持湿润，混凝土养护时间不少于7d。

5）孔眼和缺陷修复

① 对拉螺栓孔眼的修复

堵孔前对孔眼变形和漏浆严重的对拉螺栓孔眼进行修复。首先清理孔表面浮渣及松动的混凝土；将堵头放回孔中，用界面剂的稀释液（约50%）调同配合比砂浆（砂浆稠度为10~30mm），用刮刀取砂浆补平尼龙堵头周边混凝土面，并刮平，待砂浆终凝后擦拭表面砂浆，轻轻取出堵头。

② 对拉螺栓孔的封堵

首先清理螺栓孔，并洒水润湿，用特制工具（图4-6-7）堵住墙外侧，将砂浆捣实，轻轻旋转出特制工具；砂浆终凝后喷水养护7d。对于三节头对拉螺栓和直通对拉螺栓分别采取不同的堵孔方法，见图4-6-7、图4-6-8。

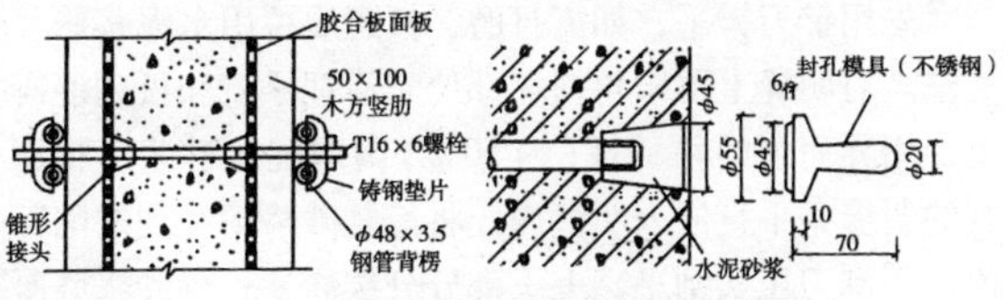

图4-6-7　三节头对拉螺栓堵孔方法

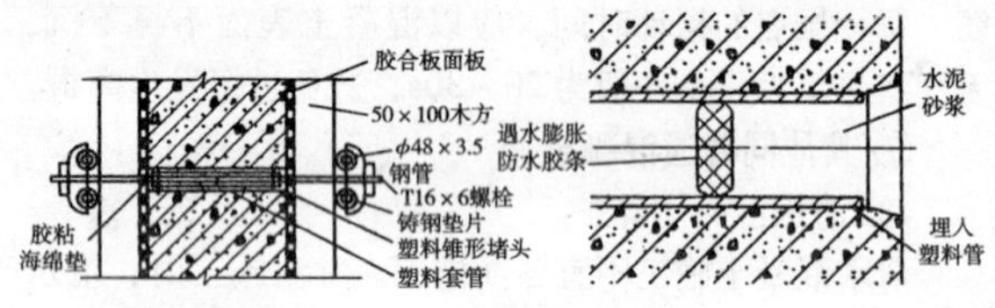

图 4-6-8　直通型对拉螺栓堵孔方法

③ 气泡修复

对于不严重影响清水混凝土观感的气泡，原则上不修复；需修复时，首先清除混凝土表面的浮浆和松动砂子，用与混凝土同厂家、同强度的黑、白水泥调制成水泥浆，首先在样板墙上试配试验，保证水泥浆体硬化后颜色与清水混凝土颜色一致。修复缺陷部位，待水泥浆体硬化后，用细砂纸将整个构件表面均匀地打磨光洁，并用水冲洗洁净，确保表面无色差。

④ 墙根、阳角漏浆部位修复

首先清理表面浮灰，轻轻刮去表面松动砂子，用界面剂的稀释液（约 50%）调配成与混凝土表面颜色基本相同的水泥腻子，用刮刀取水泥腻子抹于需修复部位。待腻子终凝后打砂纸磨平，再刮至表面平整，阴阳角顺直，洒水覆盖养护。

⑤ 明缝处胀模、错台修复

先用铲刀铲平，如需打磨，打磨后再用水泥浆修复平整。对明缝上下阳角损坏部位先清理浮渣和松动混凝土；用界面剂的稀释液（约 50%）调同配比砂浆，将原有的明缝条平直嵌入明缝内，将修复砂浆填补到缺陷部位，用刮刀压实刮平，上下部分分次修复；待砂浆终凝后，取出明缝条，擦净被污染混凝土表面，洒水养护。

混凝土墙面修复完成后，要求达到墙面平整，颜色均一，无明显的修复痕迹；距离墙面5m处观察，肉眼看不到缺陷。

6）清水混凝土质量检验

① 混凝土的强度、垂直度、平整度等几何尺寸的允许误差，应按现行国家标准《混凝土结构工程施工质量验收规范》(GB 50204)有关条文验收。

② 柱、墙棱角方正，无明显锯齿口，线条顺直。

③ 表面清洁光滑，色泽一致，无明显修补痕迹，无明显气泡，距墙面一定距离外（一般取5m)，目测无差异。穿墙螺栓孔等的修补除应满足防渗要求外还应无明显接缝。

4.6.5 泵送混凝土

泵送混凝土是指混凝土拌合物的坍落度不低于100mm并用泵送施工的混凝土。它与非泵送混凝土性能的区别在于，除满足工程设计所需要的强度外，拌合物必须满足泵送工艺所需要的流动性、黏聚性、不离析、少泌水的可泵送性能。

（1）材料要求

1）水泥

一般宜选用普通硅酸盐水泥、硅酸盐水泥、矿渣硅酸盐水泥和粉煤灰硅酸盐水泥，不宜采用火山灰质硅酸盐水泥。

2）粗骨料

根据混凝土泵送时的要求，粗骨料应具备良好的连续级配，符合现行国家标准《建筑用卵石、碎石》(GB/T 14685—2001)的规定，针片状颗粒含量不宜大于10%。粗骨料最大粒径与输送管内径之比选用可参考表4-6-3。

石子的最大粒径与输送管内径之比　　表 4-6-3

石子品种	泵送高度（m）	粗骨料最大粒径与输送管径比
碎石	<50	≤1：3.0
	50～100	≤1：4.0
	>100	≤1：5.0
卵石	<50	≤1：2.5
	50～100	≤1：3.0
	>100	≤1：4.0

3）细骨料

宜采用中砂或中粗砂，粒径在 0.315mm 以下的细骨料不应小于 15%，最好能达到 20%。

4）外加剂

应符合国家现行标准《混凝土外加剂》(GB 8076)、《混凝土泵送剂》(JC 473)、《混凝土外加剂应用技术规范》(GB 50119)和《预拌混凝土》(GB/T 14902)的有关规定。

5）矿物掺合料

在配制泵送混凝土时宜掺适量矿物掺合料，如粉煤灰、粒化高炉矿渣粉、天然沸石粉等。

(2) 泵送混凝土配合比

确定泵送混凝土配合比时，仍可采用普通混凝土配合比的设计方法，另外根据其可泵性要求，在水泥用量、坍落度、砂率等方面予以特殊处理。必要时，应通过试泵送确定施工用泵送混凝土配合比。混凝土的可泵性，可用压力泌水试验结合施工经验进行控制。一般 10s 时的相对压力泌水率 $S10$ 不宜超过 40%。

1）坍落度

泵送混凝土试配要求的坍落度值应按下式计算：

$$T_t = T_p + \Delta T \tag{4-6-1}$$

式中 T_t——试配中要求的坍落度值；

T_p——入泵时要求的坍落度值；

ΔT——试验测得在预计时间内的坍落度经时损失值。

泵送混凝土的坍落度，可按国家现行标准《泵送混凝土施工技术规程》（JGJ/T 10）的规定选用。对不同泵送高度，入泵时混凝土的坍落度，可按表4-6-4选用。混凝土入泵时的坍落度允许误差应符合表4-6-5的规定。混凝土经时坍落度损失值，可按表4-6-6选用。

不同泵送高度入泵时混凝土坍落度选用值　　表4-6-4

泵送高度(m)	30以下	30～60	60～100	100以上
坍落度（mm）	100～140	140～160	160～180	180～200

混凝土坍落度允许误差　　表4-6-5

所需坍落度（mm）	坍落度允许误差（mm）
≤100	±20
>100	±30

混凝土经时坍落度损失值　表4-6-6

大气温度（℃）	10～20	20～30	30～35
混凝土经时坍落度损失值(mm)（掺粉煤灰和木钙，经时1h）	5～25	25～35	35～30

注：掺粉煤灰与其他外加剂时，坍落度经时损失根据施工经验确定，无施工经验应通过试验确定。

2）泵送混凝土设计参数

泵送混凝土配合比设计时，应参照以下参数：

① 泵送混凝土的水灰比宜为0.4～0.6。

② 泵送混凝土的砂率宜为38%～45%。

③ 泵送混凝土的最小水泥用量宜为300kg/m^3。

④ 泵送混凝土应掺适量外加剂，并应符合国家现行标准《混凝土泵送剂》（JC 473）的规定。外加剂的品种和掺量宜由试验确定，不得任意使用。不掺引气剂时，泵送混凝土的含气量不应大于3%。

⑤ 掺粉煤灰的泵送混凝土配合比设计，必须经过试配确定，并应符合国家现行标准的有关规定。

（3）泵送混凝土的运送

1）泵送混凝土的运送方式：

泵送混凝土的运送应采用混凝土搅拌运输车。在现场搅拌站搅拌的泵送混凝土可采取适当的方式运送，但必须防止混凝土的离析和分层，混凝土搅拌运输车的数量应根据所选用混凝土泵的输出量决定。

2）混凝土泵的实际平均输出量可根据混凝土泵的最大输出量、配管情况和作业效率，按下式计算：

$$Q_1 = Q_{max}\alpha_1\eta \tag{4-6-2}$$

式中 Q_1——每台混凝土泵的实际平均输出量（m^3/h）；

Q_{max}——每台混凝土泵的最大输出量（m^3/h）；

α_1——配管条件系数，可取0.8～0.9；

η——作业效率。根据混凝土搅拌运输车向混凝土泵供料的间断时间、拆装混凝土输送管和布料停歇等情况，可取0.5～0.7。

3）当混凝土泵连续作业时，每台混凝土所需配备的混凝土搅拌运输车台数，可按下式计算：

$$N_1 = \frac{Q_1}{60V_1}\left(\frac{60L_1}{S_0} + T_1\right) \quad (4\text{-}6\text{-}3)$$

式中 N_1——混凝土搅拌运输车台数（台）；

Q_1——每台混凝土泵的实际平均输出量（m^3/h）；按式（4-6-2）计算；

V_1——每台混凝土搅拌车容量（m^3）；

S_0——混凝土搅拌运输平均行车速度（km/h）；

L_1——混凝土搅拌运输车往返距离（km）；

T_1——每台混凝土搅拌运输车总计停歇时间（min）。

4）泵送混凝土运送延续时间：

泵送混凝土运送延续时间可按下列要求执行：

① 未掺外加剂的混凝土，可按表4-6-7执行。

泵送混凝土运输延续时间　表4-6-7

混凝土出机温度（℃）	运输延续时间（min）
25～30	50～60
5～25	60～90

② 掺木质素磺酸钙时，宜不超过表4-6-8的规定。

掺木质素磺酸钙时的泵送混凝土运输延续时间（min）　表4-6-8

混凝土强度等级	气温（℃）	
	≤25	>25
≤C30	120	90
>C30	90	60

③ 采用其他外加剂时，可按实际配合比和气温条件测定混凝土的初凝时间，其运输延续时间，不宜超过所测得的混凝土初凝时间的1/2。

5）喂料要求：

混凝土搅拌运输车给混凝土泵喂料时，应符合下列要求：

① 喂料前，应用中、高速旋转拌筒，使混凝土拌合均匀，避免出料的混凝土的分层离析。

② 喂料时，反转卸料应配合泵送均匀进行，且应使混凝土保持在集料斗内高度标志线以上。

③ 暂时中断泵送作业时，应使拌筒低转速搅拌混凝土。

④ 混凝土泵进料斗上，应安置网筛并设专人监视喂料，以防粒径过大的骨料或异物进入混凝土泵造成堵塞。

混凝土搅拌运输车喂料完毕后，应及时清洗拌筒并排尽积水。

（4）混凝土泵送设备及管道的选择与布置

1）混凝土泵的选择

① 混凝土泵的最大水平输送距离可以参照产品的性能表（曲线）确定，必要时可以由试验确定，也可以根据计算确定。

② 重要工程的混凝土泵送施工，混凝土泵的所需台数，除根据计算确定外，宜有一定的备用台数。

③ 混凝土泵选型的主要技术参数为：泵的最大理论排量（m^3/h）、泵的最大混凝土压力（MPa）、混凝土的最大水平运距、最大垂直运距。

2）混凝土布料杆的选择

混凝土布料杆是完成混凝土输送、布料、推铺、浇筑入模的理想机具。

混凝土布料杆按移动方式分为汽车式布料杆和独立

式布料杆两种；独立式布料杆又分为移置式布料杆（见图4-6-9）和管柱式布料杆（见图4-6-10）。混凝土布料杆的性能见表4-6-9。

混凝土布料杆技术性能　　表4-6-9

类别与型号	移置式布料杆 RVM10—125型	管柱式机动布料杆 M17—125型
泵送管直径（mm）	125	125
布料臂架节数（节）	2	3
最大幅度（m）	9.5	16.8
回转角度（°）	第一节360	360
作业力矩（kN·m）	第一节300	270
自身质量（kg）	1409	10000
工作质量（kg）	1750	
平衡质量（kg）	805	
电动机功率（kW）		7.5

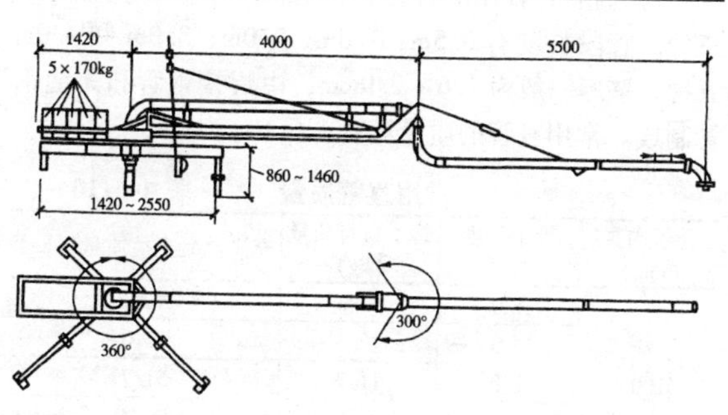

图4-6-9　移置式布料杆

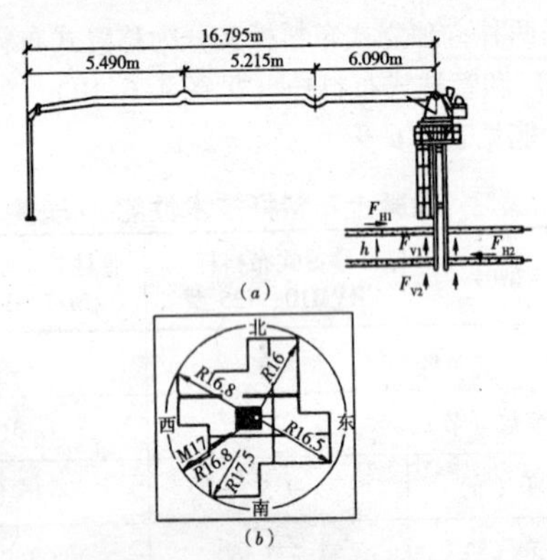

图 4-6-10 管柱式布料杆示意图

(a) 布料杆示意图；(b) 布料杆工作范围图

(5) 泵送混凝土输送管的选择

混凝土输送管包括直管、弯管、锥形管、软管、管接头和截止阀。对输送管道的要求是阻力小、耐磨损、自重轻、易装拆。

1) 直管：常用的管径有 100mm、125mm 和 150mm 三种。管段长度有 0.5m、1.0m、2.0m、3.0m 和 4.0m 五种，壁厚一般为 1.6～2.0mm，由焊接钢管和无缝钢管制成。常用直管的质量见表 4-6-10。

常用直管质量 表 4-6-10

管子内径（mm）	管子长度（m）	管子自身质量（kg）	充满混凝土后质量（kg）
100	4.0	22.3	102.3
	3.0	17.0	77.0
	2.0	11.7	51.7
	1.0	6.4	26.4
	0.5	3.7	13.5

续表

管子内径（mm）	管子长度（m）	管子自身质量（kg）	充满混凝土后质量（kg）
125	3.0	21.0	113.4
	2.0	14.6	76.2
	1.0	8.1	33.9
	0.5	4.7	20.1

2）弯管：弯管的弯曲角度有15°、30°、45°、60°和90°，其曲率半径有1.0m、0.5m和0.3m三种，以及与直管相应的口径。常用弯管的质量见表4-6-11。

常用弯管质量　　表4-6-11

管子内径（mm）	弯曲角度	管子自身质量（kg）	充满混凝土后质量（kg）
100	90°	20.3	52.4
	60°	13.9	35.0
	45°	10.6	26.4
	30°	7.1	17.6
	15°	3.7	9.0
125	90°	27.5	76.1
	60°	18.5	50.9
	45°	14.0	38.3
	30°	9.5	25.7
	15°	5.0	13.1

3）锥形管：主要是用于不同管径的变换处，常用的有ϕ175～150、ϕ150～125、ϕ125～100。常用的长度为1m。

4）软管：软管的作用主要是装在输送管末端直接布料，其长度有5～8m，对它的要求是柔软、轻便和耐用，便于人工搬动。常用软管的质量见表4-6-12。

常用软管质量　　表 4-6-12

管径(mm)	软管长度(m)	软管自身质量(kg)	充满混凝土后质量(kg)
100	3.0	14.0	68.0
	5.0	23.3	113.3
	8.0	37.3	181.3
125	3.0	20.5	107.5
	5.0	34.1	179.1
	8.0	54.6	286.6

5）管接头：主要是用于管子之间的连接，以便快速装拆和及时处理堵管部位。

6）止回阀：常用的止回阀有针形阀和制动阀。止回阀是在垂直向上泵送混凝土过程中使用，如混凝土泵送暂时中断，垂直管道内的混凝土因自重会对混凝土泵产生逆向压力，止回阀可防止这种逆向压力对泵的破坏，使混凝土泵得到保护并启动方便。

（6）泵送混凝土输送管敷设

1）混凝土输送管敷设的方法：混凝土输送管敷设的效果，对泵送混凝土有很大影响。一般施工前要编制管道敷设方案。管敷设的原则是：路线短，弯道少，接头严密。常见敷设方法见图 4-6-11。

2）混凝土输送管的水平长度的确定：在选择混凝土泵和计算泵送能力时，通常是将混凝土输送管的各种工作状态换算成水平长度，换算长度可按表 4-6-13 换算。

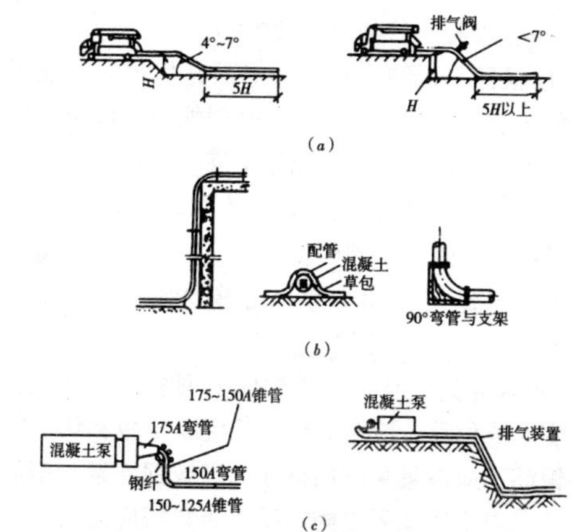

图 4-6-11 泵送管道敷设示意图

混凝土输送管的水平换算长度 表 4-6-13

类别	单位	规格	水平换算长度（m）
向上垂直管	每米	100mm 125mm 150mm	3 4 5
锥形管	每根	175→150mm 150→125mm 125→100mm	4 8 16
弯管	每根	90° $R=0.5$m 90° $R=1.0$m	12 9
软管	每 5～8m 长的 1 根		20

注：1. R：曲率半径。

2. 弯管的弯曲角度小于90°时，需将表列数值乘以该角度与90°角的比值。

3. 向下垂直管，其水平换算长度等于其自身长度。

4. 斜向配管时，根据其水平及垂直投影长度，分别按水平、垂直配管计算。

(7)泵送混凝土的浇筑

1）应根据工程结构特点、平面几何尺寸、混凝土供应和泵送设备能力、劳动力和管理能力，以及周围场地大小等条件。预先划分好混凝土浇筑区域。

2）由于泵送混凝土的流动性大和施工的冲击力大，因此在设计模板时，必须根据泵送混凝土对模板侧压力大的特点，确保模板和支撑有足够的强度、刚度和稳定性。

3）浇筑混凝土时，应注意保护钢筋，一旦钢筋骨架发生变形或位移，应及时纠正。混凝土板和块体结构的水平钢筋，应设置足够的钢筋撑脚或钢支架。钢筋骨架重要节点应采取加固措施。手动布料杆应设钢支架架空，不得直接支撑在钢筋骨架上。

4）混凝土的浇筑顺序，应符合下列规定：

① 当采用输送管输送混凝土时，应由远而近浇筑；

② 同一区域的混凝土，应按先竖向结构后水平结构的顺序，分层连续浇筑；

③ 当不允许留施工缝时，区域之间、上下层之间的混凝土浇筑间歇时间，不得超过混凝土初凝时间；

④ 当下层混凝土初凝后，浇筑上层混凝土时，应先按留施工缝的规定处理。

5）混凝土的布料方法，应符合下列规定：

① 在浇筑竖向结构混凝土时，布料设备的出口离模板内侧面不应小于50mm，且不得向模板内侧面直冲布料，也不得直冲钢筋骨架；

② 浇筑水平结构混凝土时，不得在同一处连续布料，应在2～3m范围内水平移动布料，且宜垂直于模板布料。

6）混凝土浇筑振捣工艺，应符合下列规定：

① 混凝土浇筑分层厚度，宜为300～500mm。当水平结构的混凝土浇筑厚度超过500mm时，可按1∶6～1∶10坡度分层浇筑，且上层混凝土应超前覆盖下层混凝土500mm以上。

② 振捣泵送混凝土时，振动棒移动间距宜为400mm左右，振捣时间宜为15～30s，且隔20～30min后，进行第二次复振。

③ 对于有预留洞、预埋件和钢筋太密的部位，应预先制订技术措施，确保顺利布料和振捣密实。在浇筑混凝土时，应经常观察，当发现混凝土有不密实等现象，应立即采取措施予以纠正。

④ 水平结构的混凝土表面，应适时用木抹子抹平搓毛两遍以上。必要时，还应先用铁滚筒压两遍以上，以防止产生收缩裂缝。

（8）泵送混凝土的技术措施

1）泵送混凝土的供应，要保证混凝土泵的连续作业。混凝土搅拌运输车到施工现场卸料，应有一段搭接时间，一台未卸完，另一台即开始卸料，如不能做到，则应在混凝土搅拌运输车出料前，高速（12r/min）转动1min，再反转出料，这样保证混凝土拌合物均匀。混凝土搅拌车卸出的混凝土，如发现粗骨料过于集中或发生沉淀，应重新搅拌，一般高速搅拌2～3min后再卸料。

2）泵送混凝土宜用搅拌运输车运输，混凝土搅拌运输车出料前，应以12r/min左右速度转动1min然后反转出料，保证混凝土拌合物的均匀。混凝土搅拌运输车出料时，先低速出一点料，观察质量，如大石子夹着水泥浆先流，说明发生沉淀，应立即停止出料，再顺转搅拌2~3min，方可出料。

3）混凝土泵在泵送前要先用水、水灰比为0.7的水泥浆润湿管道，使输送管、泵处于润滑状态，然后开始泵送混凝土。润滑用的水泥浆或水泥砂浆应分散布料，不得集中浇筑在同一处。

润滑用水、水泥浆和水泥砂浆的用量见表4-6-14。

泵送混凝土润滑用水、水泥浆和水泥砂浆的用量表　　表4-6-14

输送管长度（m）	水（L）	水泥浆		水泥、砂浆	
		水泥用量（kg）	稠度	用量（m^3）	配合比（水泥:砂）
<100	30			0.5	1:2
100~200	30			1.0	1:1
>200	30	100	粥状	1.0	1:1

4）混凝土泵输送中，要注意观察液压表和泵机各部分的工作状态，一般在泵的出口处容易发生堵塞现象。混凝土泵送时，应每2h换一次水槽中的水，随时检查泵机的行程，当有变化时，要随时调整。混凝土垂直向上输送时，可在泵机和垂直管之间设一段10~15m的水平输送管道，防止混凝土产生逆流。在高温条件下施工时，要在水平输送管道上盖1~2层湿草帘，并隔一定时间对草帘洒水润湿。另外，应有专人巡视管道，发现漏水漏浆，应及时修理。

5）当混凝土泵出现压力升高且不稳定、油温升高、输送管有明显振动等现象而泵送困难时，不得强行泵送，并应立即查明原因，采取措施排除。一般可先用木槌敲击输送管弯管、锥形管等部位，并进行慢速泵送或反泵，防止堵塞。当输送管被堵塞时，应采取下列方法排除：

① 反复进行反泵和正泵，逐步吸出混凝土至料斗中，重新搅拌后再进行泵送。

② 可用木槌敲击等方法，查明堵塞部位，若确实查明了堵管部位，可在管外击松混凝土后，重复进行反泵和正泵，排除堵塞。

③ 当上述两种方法无效时，应在混凝土卸压后，拆除堵塞部位的输送管，排出混凝土堵塞物后，再接通管道。重新泵送前，应先排除管内空气，拧紧接头。

6）如遇到混凝土泵运转不正常或混凝土供应脱节情况，可放慢泵送速度，或每隔 4 ~ 5min 使泵正反转两个冲程，防止管路中混凝土阻塞。同时开动料斗中搅拌器，搅拌 3 ~ 4 转，防止混凝土离析。

7）混凝土泵输送时应连续进行，尽可能防止停歇。如果不能连续供料，可适当放慢速度，以保证连续泵送。但泵送停歇超过 45min 或混凝土出现离析时，要立即用压力水或其他方法清除泵机和管道中的混凝土，再重新泵送。

在混凝土运送过程中，要求混凝土 90min 内从搅拌筒中泵送完毕，气温较低时可以适当延长。

8）严禁向混凝土料斗内加水。经允许向搅拌运输车内加入混凝土相同水灰比的砂浆，经充分搅拌后卸入料斗。对坍落度偏差过大、品质变坏的混凝土，不能卸入料斗。

9）泵送完毕，应将混凝土泵和输送管清洗干净。洗管前应先行反吸，以降低管内压力。洗管时，可以在进料中塞入海棉球或橡胶球，用压缩空气将存浆推出。

10）垂直向上输送混凝土时，严禁将垂直管道直接装接在泵的输出口上，应在垂直管架的前端装接长度不小于10m的水平管，水平管在泵出料口附近应加一个止流阀。敷设向下倾斜的管道，下端应装接一段水平管，其长度至少为倾斜管高低差的5倍，否则应采用弯管等办法，增大阻力；如倾斜度较大，应在倾斜管上端装置排气活阀，以利排气。

11）季节施工：

① 夏节施工：混凝土运输时间尽量缩短。搅拌混凝土时，采用掺载体流化剂措施，使坍落度减少损失。对泵机料斗、搅拌运输车入口要加遮盖，对管道等用草帘覆盖并浇水湿润。

② 冬期施工：当气温在－12℃以下时，要采用综合蓄热法的技术措施，以保证混凝土强度和坍落度的要求。综合蓄热法技术措施见表4-6-15。

冬期泵送混凝土综合蓄热法　　表4-6-15

序号	项　目	技术措施
1	水泥	采用42.5级以上普通水泥，用量在300~400kg/m³之间
2	砂	中砂或粗砂，加热±20℃以上
3	水	加热温度控制在40~60℃
4	外加剂	掺抗冻早强减水复合剂
5	水灰比	控制在0.45~0.55
6	坍落度	140~160mm

续表

序号	项　　目	技术措施
7	混凝土出机温度	>15℃
8	混凝土入模温度	>5℃
9	混凝土养护	表面盖一层塑料薄膜，然后再覆盖高效保温材料，如岩棉被
10	混凝土泵	设置安装在保温棚内
11	输送管	用高效保温材料保温

4.7　混凝土质量检验

4.7.1　混凝土配制、施工质量检验

（1）一般规定

1）结构构件的混凝土强度应按现行国家标准《混凝土强度检验评定标准》（GBJ 107）的规定分批检验评定。

对采用蒸汽法养护的混凝土结构构件，其混凝土试件应先随同结构构件同条件蒸汽养护，再转入标准条件养护共28d。

当混凝土中掺入矿物掺合料时，确定混凝土强度时的龄期可按现行国家标准《粉煤灰混凝土应用技术规范》（GBJ 146）等的规定取值。

2）检验评定混凝土强度用混凝土试件的尺寸及强度的尺寸换算系数应按表4-7-1取用；其标准成型方法、标准养护条件及强度试验方法应符合现行国家标准《普通混凝土力学性能试验方法》(GBJ 81）的规定。

混凝土试件的尺寸及强度的尺寸换算系数　　表 4-7-1

骨料最大粒径（mm）	试件尺寸（mm）	强度的尺寸换算系数
≤31.5	100×100×100	0.95
≤40	150×150×150	1.00
≤63	200×200×200	1.05

注：对强度等级为 C60 及以上的混凝土试件，其强度换算系数可通过试验确定。

3）结构构件拆模、出池、出厂、吊装、张拉、放张及施工期间临时负荷时的混凝土强度，应根据同条件养护的标准尺寸试件的混凝土强度确定。

4）当混凝土试件强度评定不合格时，可采用非破损或局部破损的检测方法，按国家现行有关标准的规定对结构构件中的混凝土强度进行推定，并作为处理的依据。

5）混凝土的冬期施工应符合国家现行标准《建筑工程冬期施工规程》（JGJ 104）的规定。

（2）主控项目和一般项目质量标准及检验方法（表 4-7-2）

4.7.2　现浇结构外观和尺寸偏差检验

（1）一般规定

1）现浇结构的外观质量缺陷，应由监理（建设）单位、施工单位等各方根据其对结构性能和使用功能影响的严重程度，按表 4-7-3 确定。

2）现浇结构拆模后，应由监理（建设）单位、施工单位对外观质量和尺寸偏差进行检查，做好记录，并应及时按施工技术方案对缺陷进行处理。

（2）主控项目和一般项目质量标准及检验方法（表 4-7-4）

混凝土分项工程主控项目和一般项目质量检验 表 4-7-2

项目	类别	质量标准	检查数量	检验方法
原材料	主控项目	水泥进场时应对其品种、级别、包装或散装仓号、出厂日期等进行检查，并应对其强度、安定性及其他必要的性能指标进行复验，其质量必须符合现行国家标准《硅酸盐水泥、普通硅酸盐水泥》（GB 175）等的规定。 当在使用中对水泥质量有怀疑或水泥出厂超过三个月（快硬硅酸盐水泥超过一个月）时，应进行复验，并按复验结果使用。 钢筋混凝土结构、预应力混凝土结构中，严禁使用含氯化物的水泥	按同一生产厂家、同一等级、同一品种、同一批号且连续进场的水泥，袋装不超过 2000 t 为一批，散装不超过 500 t 为一批，每批抽样不少于一次	检查产品合格证、出厂检验报告和进场复验报告
		混凝土中掺用外加剂的质量及应用技术应符合现行国家标准《混凝土外加剂》（GB 8076）、《混凝土外加剂应用技术规范》（GB 50119）和有关环境保护的规定。 预应力混凝土结构中，严禁使用含氯化物的外加剂。钢筋混凝土结构中，当使用含氯化物的外加剂时，混凝土中氯化物的总含量应符合现行国家标准《混凝土质量控制标准》（GB 50164）的规定	按进场的批次和产品的抽样检验方案确定	检查产品合格证、出厂检验报告和进场复验报告
		混凝土中氯化物和碱的总含量应符合本书中有关控制碱骨料反应配合比设计的要求		检查原材料试验报告和氯化物、碱的总含量计算书

续表

项目	类别	质量标准	检查数量	检验方法
原材料	一般项目	混凝土中掺用矿物掺合料的质量应符合现行国家标准《用于水泥和混凝土中的粉煤灰》(GB 1596)等的规定。矿物掺合料的掺量应通过试验确定	按进场的批次和产品的抽样检验方案确定	检查出厂合格证和进场复验报告
		普通混凝土所用的粗、细骨料的质量应符合国家现行标准《普通混凝土用碎石或卵石质量标准及检验方法》(JGJ 53)、《普通混凝土用砂质量标准及检验方法》(JGJ 52)的规定。 ① 混凝土中的粗骨料，其最大颗粒粒径不得超过构件截面最小尺寸的1/4，且不得超过钢筋最小净距的3/4。 ② 对混凝土实心板，骨料的最大粒径不宜超过板厚的1/3，且不得超过40mm	按进场的批次和产品的抽样检验方案确定	检查进场复验报告
		拌制混凝土宜采用饮用水，当采用其他水源时，水质应符合国家现行标准《混凝土拌合用水标准》(JGJ 63)的规定	同一水源检查不应少于一次	检查水质试验报告
配合比设计	主控项目	混凝土应按国家现行标准《普通混凝土配合比设计规程》(JGJ 55)的有关规定，根据混凝土强度等级、耐久性和工作性等要求进行配合比设计。对有特殊要求的混凝土，尚应符合国家现行有关标准的专门规定		检查配合比设计资料

续表

项目	类别	质量标准	检查数量	检验方法
配合比设计	一般项目	首次使用的混凝土配合比应进行开盘鉴定，其工作性应满足设计配合比的要求。开始生产时应至少留置一组标准养护试件，作为验证配合比的依据		检查开盘鉴定资料和试件试验报告
		混凝土拌制前，应测定砂、石含水率并根据测试结果调整材料用量，提出施工配合比	每工作班检查一次	检查含水率测试结果和施工配合比通知单
混凝土施工	主控项目	结构混凝土的强度等级必须符合设计要求，用于检查结构构件混凝土强度的试件，应在混凝土的浇筑地点随机抽取。取样与试件留置应符合下列规定： ① 每拌制 100 盘且不超过 $100m^3$ 的同配合比的混凝土，取样不得少于 1 次。 ② 每工作班拌制的同一配合比的混凝土不足 100 盘时，取样不得少于 1 次。 ③ 当一次连续浇筑超过 $1000m^3$ 时，同一配合比的混凝土每 $200m^3$ 取样不得少于 1 次。 ④ 每一楼层、同一配合比的混凝土，取样不得少于 1 次。 ⑤ 每次取样应至少留置一组标准养护试件，同条件养护试件的留置组数应根据实际需要确定		检查施工记录及试件强度试验报告

续表

项目	类别	质量标准	检查数量	检验方法
混凝土施工	主控项目	对有抗渗要求的混凝土结构，其混凝土试件应在浇筑地点随机取样。同一工程、同一配合比的混凝土，取样不应少于1次，留置组数可根据实际需要确定		检查试件抗渗试验报告
		混凝土原材料每盘称量的偏差应符合本书有关材料配合比的规定	每工作班抽查不应少于一次	复称
		混凝土运输、浇筑及间歇的全部时间不应超过混凝土的初凝时间。同一施工段的混凝土应连续浇筑，并应在底层混凝土初凝之前将上一层混凝土浇筑完毕。 当底层混凝土初凝后浇筑上一层混凝土时，应按施工技术方案中对施工缝的要求进行处理	全数检查	观察、检查施工记录
	一般项目	施工缝的位置应在混凝土浇筑前按设计要求和施工技术方案确定。施工缝的处理应按施工技术方案执行	全数检查	观察、检查施工记录
		后浇带的留置位置应按设计要求和施工技术方案确定。后浇带混凝土浇筑应按施工技术方案进行	全数检查	检查施工记录
		混凝土浇筑完毕后，应按施工技术方案及时采取有效的养护措施，同时，还应符合下列要求：采用塑料布覆盖养护的混凝土，其敞露的全部表面应覆盖严密，并应保持塑料	全数检查	观察、检察施工记录

续表

项目	类别	质量标准	检查数量	检验方法
混凝土施工	一般项目	布内有凝结水；混凝土强度达到1.2MPa前，不得在其上踩踏或安装模板及支架；当采用其他品种水泥时，混凝土的养护时间应根据所采用水泥的技术性能确定；混凝土表面不便浇水或使用塑料布时，宜涂刷养护剂；对大体积混凝土的养护，应根据气候条件按施工技术方案采取控温措施	全数检查	观察、检察施工记录

现浇结构外观质量缺陷 表 4-7-3

名称	现象	严重缺陷	一般缺陷
露筋	构件内钢筋未被混凝土包裹而外露	纵向受力钢筋有露筋	其他钢筋有少量露筋
蜂窝	混凝土表面缺少水泥砂浆而形成石子外露	构件主要受力部位有蜂窝	其他部位有少量蜂窝
孔洞	混凝土中孔穴深度和长度均超过保护层厚度	构件主要受力部位有孔洞	其他部位有少量孔洞
夹渣	混凝土中夹有杂物且深度超过保护层厚度	构件主要受力部位有夹渣	其他部位有少量夹渣
疏松	混凝土中局部不密实	构件主要受力部位有疏松	其他部位有少量疏松
裂缝	缝隙从混凝土表面延伸至混凝土内部	构件主要受力部位有影响结构性能或使用功能的裂缝	其他部位有少量不影响结构性能或使用功能的裂缝
连接部位缺陷	构件连接处混凝土缺陷及连接钢筋、连接件松动	连接部位有影响结构传力性能的缺陷	连接部位有基本不影响结构传力性能的缺陷
外形缺陷	缺棱掉角、棱角不直、翘曲不平、飞边凸肋等	清水混凝土构件有影响使用功能或装饰效果的外形缺陷	其他混凝土构件有不影响使用功能的外形缺陷
外表缺陷	构件表面麻面、掉皮、起砂、沾污等	具有重要装饰效果的清水混凝土表面有外表缺陷	其他混凝土构件有不影响使用功能的外表缺陷

现浇混凝土结构分项工程主控项目和一般项目质量检验　　表 4-7-4

项目	类别	质量标准	检查数量	检验方法
外观质量	主控项目	现浇结构的外观质量不应有严重缺陷。 对已经出现的严重缺陷，应由施工单位提出技术处理方案，并经监理（建设）单位认可后进行处理。对经处理的部位，应重新检查验收	全数检查	观察、检查技术处理方案
	一般项目	现浇结构的外观质量不宜有一般缺陷。 对已经出现的一般缺陷，应由施工单位按技术处理方案进行处理，并重新检查验收	全数检查	观察、检查技术处理方案
尺寸偏差	主控项目	现浇结构不应有影响结构性能和使用功能的尺寸偏差。混凝土设备基础不应有影响结构性能和设备安装的尺寸偏差。 对超过尺寸允许偏差且影响结构性能和安装、使用功能的部位，应由施工单位提出技术处理方案，并经监理（建设）单位认可后进行处理。对经处理的部位，应重新检查验收	全数检查	观察、检查技术处理方案
	一般项目	现浇结构和混凝土设备基础拆模后的尺寸偏差应符合表 4-7-5、表 4-7-6的规定。检查数量按楼层、结构缝或施工段划分检验批： ① 在同一检验批内，对梁、柱和独立基础； ② 墙和板应按有代表性的自然间； ③ 大空间结构，墙可按相邻轴线间高度 5m 左右划分检查面，板可按纵、横轴线划分检查面； ④ 电梯井和设备基础	抽查 10%，且不少于 3 件； 抽查 10%，且不少于 3 间； 抽查 10%，且均不少于 3 面； 应全数检查	详见表 4-7-5、表 4-7-6

现浇结构尺寸允许偏差和检验方法　表 4-7-5

项目			允许偏差（mm）	检验方法
轴线位置	基础		15	钢尺检查
	独立基础		10	
	墙、柱、梁		8	
	剪力墙		5	
垂直度	层高	≤5m	8	经纬仪或吊线、钢尺检查
		>5m	10	经纬仪或吊线、钢尺检查
	全高（H）		H/1000 且≤30	经纬仪、钢尺检查
标高	层高		±10	水准仪或拉线、钢尺检查
	全高		±30	
截面尺寸			+8，−5	钢尺检查
电梯井	井筒长、宽对定位中心线		+25，0	钢尺检查
	井筒全高（H）垂直度		H/1000 且≤30	经纬仪、钢尺检查
表面平整度			8	2m 靠尺和塞尺检查
预埋设施中心线位置	预埋件		10	钢尺检查
	预埋螺栓		5	
	预埋管		5	
预留洞中心线位置			15	钢尺检查

注：检查轴线、中心线位置时，应沿纵、横两个方向量测，并取其中的较大值。

混凝土设备基础尺寸允许偏差和检验方法　　表 4-7-6

项目		允许偏差(mm)	检验方法
坐标位置		20	钢尺检查
不同平面的标高		0，-20	水准仪或拉线、钢尺检查
平面外形尺寸		±20	钢尺检查
凸台上平面外形尺寸		0，-20	钢尺检查
凹穴尺寸		+20，0	钢尺检查
平面水平度	每米	5	水平尺、塞尺检查
	全长	10	水准仪或拉线、钢尺检查
垂直度	每米	5	经纬仪或拉线、钢尺检查
	全高	10	
预埋地脚螺栓	标高（顶部）	+20，0	水准仪或拉线、钢尺检查
	中心距	±2	钢尺检查
预埋地脚螺栓孔	中心线位置	10	钢尺检查
	深度	+20，0	钢尺检查
	孔垂直度	10	吊线、钢尺检查
预埋活动地脚螺栓锚板	标高	+20，0	水准仪或吊线、钢尺检查
	中心线位置	5	钢尺检查
	带槽锚板平整度	5	钢尺、塞尺检查
	带螺纹孔锚板平整度	2	钢尺、塞尺检查

注：检查坐标、中心线位置时，应沿纵、横两个方向量测，并取其中的较大值。

4.7.3 混凝土预制构件质量检验

(1) 一般规定

1) 预制构件应进行结构性能检验。结构性能检验不合格的预制构件不得用于混凝土结构。

2) 叠合结构中预制构件的叠合面应符合设计要求。

3) 装配式结构外观质量、尺寸偏差的验收及对缺陷的处理，应按现浇结构工程的相应规定执行。

(2) 主控项目和一般项目质量标准及检验方法(表4-7-7、表4-7-8)

混凝土预制构件工程质量标准及检验方法　　表4-7-7

项目	质量标准	检查数量	检验方法
主控项目	预制构件应在明显部位标明生产单位、构件型号、生产日期和质量验收标志。构件上的预埋件、插筋和预留孔洞的规格、位置和数量应符合标准图或设计的要求	全数检查	观察
	预制构件的外观质量不应有严重缺陷。对已经出现的严重缺陷，应按技术处理方案进行处理，并重新检查验收	全数检查	观察，检查技术处理方案
	预制构件不应有影响结构性能和安装、使用功能的尺寸偏差。对超过尺寸允许偏差且影响结构性能和安装、使用功能的部位，应按技术处理方案进行处理，并重新检查验收	全数检查	量测，检查技术处理方案

续表

项目	质量标准	检查数量	检验方法
一般项目	预制构件的外观质量不宜有一般缺陷。对已经出现的一般缺陷，应按技术处理方案进行处理，并重新检查验收	全数检查	观察，检查技术处理方案
	预制构件的尺寸偏差应符合表4-7-8的规定。	同一工作班生产的同类型构件，抽查5%且不少于3件	应符合表4-7-8的规定

4.7.4 混凝土结构工程质量验收

(1) 混凝土结构工程质量验收的划分

1) 混凝土结构子分部、分项工程划分

混凝土结构子分部工程可根据结构的施工方法分为两类：现浇混凝土结构子分部工程和装配式混凝土结构子分部工程；根据结构的分类，还可分为钢筋混凝土结构子分部工程和预应力混凝土结构子分部工程等。混凝土结构子分部工程可划分为六个分项工程：模板、钢筋、预应力、混凝土、现浇结构和装配式结构。

2) 检验批划分

各分项工程根据与施工方式相一致且便于控制施工质量的原则，按工作班、楼层、结构缝或施工段划分为若干检验批。

混凝土预制构件尺寸的允许偏差及检验方法　　表 4-7-8

项目		允许偏差（mm）	检验方法
长度	板、梁	+10，-5	钢直尺检查
	柱	+5，-10	
	墙板	±5	
	薄腹梁、桁架	+15，-10	
宽度、高（厚）度	板、梁、柱、墙板、薄腹梁、桁架	±5	钢直尺量一端及中部，取其中较大值
侧向弯曲	梁、柱、板	$L/750$ 且≤20	拉线、钢直尺量最大侧向弯曲处
	墙板、薄腹梁、桁架	$L/1000$ 且≤20	
预埋件	中心线位置	10	钢直尺检查
	螺栓位置	5	
	螺栓外露长度	+10，-5	
预留孔	中心线位置	5	钢直尺检查
预留洞	中心线位置	15	钢直尺检查

续表

项目		允许偏差（mm）	检验方法
主筋保护层厚度	板	+5，-3	钢直尺或保护层厚度测定仪量测
	梁、柱、墙板、薄腹梁、桁架	+10，-5	
对角线差	板、墙板	10	钢直尺量两个对角线
表面平整度	板、墙板、柱、梁	5	2m 靠尺和塞尺检查
预应力构件预留孔道位置	梁、墙板、薄腹梁、桁架	3	钢直尺检查
翘曲	板	$L/750$	调平尺在两端量测
	墙板	$L/1000$	

注：1. L 为构件长度。

2. 检查中心线，螺栓和孔道位置时，应沿纵、横两个方向测量，并取其中较大值。

3. 对形状复杂或特殊要求的构件，其尺寸偏差应符合标准图或设计的要求。

（2）检验批质量验收

检验批质量验收的内容：

1）实物检查按下列方式进行：

① 对原材料、构配件和器具等产品的进场复验，应按进场的批次和产品的抽样检验方案执行。

② 对混凝土强度、预制构件结构性能等，应按国家现行有关标准和规范规定的抽样检验方案执行。

③ 对规范中采用计数检验的项目，应按抽查总点数的合格点率进行检查。

2）资料检查：

包括原材料、构配件和器具等的产品合格证（中文质量合格证明文件、规格、型号及性能检测报告等）及进场复验报告、施工过程中重要工序的自检和交接检记录、抽样检验报告、见证检测报告、隐蔽工程验收记录等。

3）检验批合格质量应符合下列规定：

① 主控项目的质量经抽样检验合格。

② 一般项目的质量经抽样检验合格；当采用计数检验时，除有专门要求外，一般项目的合格点率应达到80%及以上，且不得有严重缺陷。

③ 具有完整的施工操作依据和质量验收记录。

对验收合格的检验批，宜作出合格标志。检验批质量验收记录见表4-7-9，分项工程质量验收记录见表4-7-10，混凝土结构子分部工程的质量验收记录见表4-7-11，质量验收程序和组织应符合国家现行标准《建筑工程施工质量验收统一标准》(GB 50300—2001)的规定。

检验批质量验收记录 表 4-7-9

工程名称		分项工程名称		验收部位	
施工单位		专业工长		项目经理	
分包单位		分包项目经理		施工班组长	
施工执行标准名称及编号					
检查项目		质量验收规范的规定	施工单位检查评定记录	监理(建设)单位验收记录	
主控项目	1				
	2				
	3				
	4				
	5				
一般项目	1				
	2				
	3				
	4				
	5				
施工单位检查评定结果	项目专业质量检查员 年 月 日				
监理(建设)单位验收结论	监理工程师（建设单位项目专业技术负责人） 年 月 日				

分项工程质量验收记录　表 4-7-10

<table>
<tr><td colspan="2">工程名称</td><td></td><td colspan="2">结构类型</td><td></td><td>检验批数</td><td></td></tr>
<tr><td colspan="2">施工单位</td><td></td><td colspan="2">项目经理</td><td></td><td>项目技术负责人</td><td></td></tr>
<tr><td colspan="2">分包单位</td><td></td><td colspan="2">分包单位负责人</td><td></td><td>分包项目经理</td><td></td></tr>
<tr><td>序号</td><td colspan="2">检验批部位、区段</td><td colspan="2">施工单位检查评定结果</td><td colspan="3">监理（建设）单位验收结论</td></tr>
<tr><td>1</td><td colspan="2"></td><td colspan="2"></td><td colspan="3"></td></tr>
<tr><td>2</td><td colspan="2"></td><td colspan="2"></td><td colspan="3"></td></tr>
<tr><td>3</td><td colspan="2"></td><td colspan="2"></td><td colspan="3"></td></tr>
<tr><td>4</td><td colspan="2"></td><td colspan="2"></td><td colspan="3"></td></tr>
<tr><td>5</td><td colspan="2"></td><td colspan="2"></td><td colspan="3"></td></tr>
<tr><td>6</td><td colspan="2"></td><td colspan="2"></td><td colspan="3"></td></tr>
<tr><td>7</td><td colspan="2"></td><td colspan="2"></td><td colspan="3"></td></tr>
<tr><td>8</td><td colspan="2"></td><td colspan="2"></td><td colspan="3"></td></tr>
<tr><td>检查结论</td><td colspan="3">项目专业技术负责人
年　月　日</td><td>验收结论</td><td colspan="3">监理工程师
（建设单位项目专业技术负责人）
年　月　日</td></tr>
</table>

混凝土结构子分部工程质量验收记录　　表 4-7-11

<table>
<tr><td colspan="2">工程名称</td><td></td><td>结构类型</td><td></td><td>层　数</td><td></td></tr>
<tr><td colspan="2">施工单位</td><td></td><td>技术部门负责人</td><td></td><td>质量部门负责人</td><td></td></tr>
<tr><td colspan="2">分包单位</td><td></td><td>分包单位负责人</td><td></td><td>分包技术负责人</td><td></td></tr>
<tr><td>序号</td><td>分项工程名称</td><td>检验批数</td><td colspan="2">施工单位检查评定</td><td colspan="2">验收意见</td></tr>
<tr><td>1</td><td>钢筋分项工程</td><td></td><td colspan="2"></td><td colspan="2" rowspan="5"></td></tr>
<tr><td>2</td><td>预应力分项工程</td><td></td><td colspan="2"></td></tr>
<tr><td>3</td><td>混凝土分项工程</td><td></td><td colspan="2"></td></tr>
<tr><td>4</td><td>现浇结构分项工程</td><td></td><td colspan="2"></td></tr>
<tr><td>5</td><td>装配式结构分项工程</td><td></td><td colspan="2"></td></tr>
<tr><td colspan="2">质量控制资料</td><td></td><td colspan="2"></td><td colspan="2"></td></tr>
<tr><td colspan="2">结构实体检验报告</td><td></td><td colspan="2"></td><td colspan="2"></td></tr>
<tr><td colspan="2">观感质量验收</td><td colspan="5"></td></tr>
<tr><td rowspan="5">验收单位</td><td>分包单位</td><td colspan="5">项目经理　年　月　日</td></tr>
<tr><td>施工单位</td><td colspan="5">项目经理　年　月　日</td></tr>
<tr><td>勘察单位</td><td colspan="5">项目负责人　年　月　日</td></tr>
<tr><td>设计单位</td><td colspan="5">项目负责人　年　月　日</td></tr>
<tr><td>监理（建设）单位</td><td colspan="5">总监理工程师
（建设单位项目专业负责人）
年　月　日</td></tr>
</table>

(3)混凝土结构工程分项工程质量验收

混凝土结构工程分项工程质量验收的内容:

1）分项工程所含的验收批应符合合格质量的规定。

2）分项工程所含的验收批的质量记录应完整。

（4）混凝土结构分部（子分部）工程质量验收

混凝土结构分部（子分部）工程质量验收合格应符合下列规定:

1）分部（子分部）工程所含分项工程的质量均应验收合格。

2）质量控制资料应完整。

3）地基与基础、主体结构和设备安装等分部工程有关安全及功能的检测和抽样检测结果应符合有关规定。

4）观感质量验收应符合要求。

涉及安全和使用功能的地基基础，主体结构，有关安全及重要使用功能的安装分部工程应进行有关见证取样送样试验或抽样检测。

4.8 混凝土施工质量通病及防治

常见的质量通病及防治方法见表4-8-1。

4.9 施工安全要求

4.9.1 工长安全生产职责

严格遵守施工现场操作规程和安全生产规章制度，组织落实安全技术措施，认真执行安全技术交底，做好班前、工作中和班后的安全检查及教育工作，发现问题及时采取措施，把事故消灭在萌芽状态。工长在安全检查时应严格按照现场的、直观的看、听、问、量、查等安全检查方法对施工现场进行检查。

混凝土常见质量通病及防治方法　表 4-8-1

缺陷名称及表现	原　因	处理方法	预防措施
麻面： 在混凝土表面呈现出无数像绿豆般大小不等的小凹点。凹点直径通常不大于5mm	(1)模板表面粗糙或清理不干净，粘有干硬水泥浆等杂物，拆模时混凝土表面被粘损，出现麻面； (2)木模板在浇筑混凝土前没有浇水湿润或湿润不足。浇筑时混凝土的水分被模板吸去，致使混凝土表面失水过多，出现麻面； (3)钢模板隔离剂涂刷不均匀或局部漏刷，拆模时混凝土表面粘结模板； (4)模板接缝拼装不严密，浇筑混凝土时缝隙漏浆，混凝土表面沿模板出现麻面； (5)混凝土振捣不足，气泡未完全排出，有部分气泡留在模板表面拆模后形成麻点	麻面主要影响外观，如表面作粉刷，可不作处理。在表面不再装饰的部位，应在修补时用清水刷洗表面，充分湿润后用水泥浆或1：2水泥砂浆抹平	清除模板内的垃圾、水泥和钢筋油污；木模板在浇筑前应浇水润湿，但不得有积水；检查模板的位置、标高、尺寸和接缝是否严密；选用适当振捣方法

续表

缺陷名称及表现	原　因	处理方法	预防措施
蜂窝： 混凝土表面无水泥浆，形成数量或多或少的孔洞，大小如蜂窝。规定露出石子深度不大于5mm，深度不露主筋，可能露箍筋。 孔洞： 深度超过混凝土保护层厚度，但不超过截面尺寸1/3的空腔或蜂窝特别大	(1)配合比不准确，或配料计量不准；造成砂浆少石子多，形成蜂窝； (2)搅拌时间太短，没有拌合均匀，和易性差振捣不密实形成蜂窝； (3)未按程序下料浇筑混凝土，使石子集中，振不出水泥浆，发生离析现象，结果出现蜂窝。严重漏浆时形成特大蜂窝（孔洞）； (4)混凝土一次下料过多，没有分层浇筑，振捣不实或下料与振捣配合不好因漏振出现蜂窝或孔洞； (5)模板缝隙未堵实，或模板支设不牢，振动时模板移位，形成蜂窝； (6)混凝土中有泥块或杂物掺入或落入	小蜂窝可先洗干净，将石子和突出的颗粒去除，尽量剔成喇叭口，然后用钢丝刷及高压水冲洗干净湿透，再用强度高一级的细石混凝土捣实，加强养护。 孔洞处理应由有关部门研究制定补强方案。可先将孔不密实的混凝土和突出石子打掉，凿成楔形，然后用钢丝刷及高压水冲洗干净湿透，最后浇筑比原混凝土强度高一级的微量膨胀剂，捣实、养护	混凝土搅拌时应严格掌握配合比，保证计量准确，并经常检查；混凝土应搅拌均匀，搅拌时间应按规定采用，并经常检查，振捣应按规程办；混凝土自由倾落高度一般不超过2m，浇筑楼板时，自由倾落高度不宜超过1m，若超标准，应采用串筒、溜槽等措施下料；混凝土浇筑、振捣应分层进行，浇筑厚度随结构的不同而不同，一般为150～250mm。振捣时，插入式振动器移动间距不应大于其作用半径的1.5倍，振动器至模板的距离不应大于振动器有效作用半径的1/2

续表

缺陷名称及表现	原　因	处理方法	预防措施
露筋： 混凝土结构内的钢筋没有混凝土包裹而外露	(1)混凝土浇筑振捣时，钢筋垫块移位，或垫块太少甚至漏放； (2)结构断面较少，钢筋过密，混凝土不能充满钢筋的周围； (3)木模板湿润不够，混凝土表面失水过多，拆模过早	将外露钢筋上的混凝土残渣和铁锈清理干净，用水湿润，再用1∶2或1∶2.5的水泥砂浆抹平压实。如露筋较深，应将薄弱混凝土剔除，冲刷干净，充分润湿，用强度高一级的细石混凝土捣实，加强养护	保证混凝土厚度，注意固定好垫块，一般每隔1m左右在钢筋上绑一水泥砂浆垫块；钢筋较密时，选配适当石子，其最大颗粒不应超过结构截面最小尺寸的1/4，且不大于钢筋净距的3/4，钢筋较密时，可用细石混凝土浇筑；木模板浇筑前，应充分湿润，并堵好缝隙。拆模时间应根据试块试验结果正确掌握
缝隙夹层： 施工缝处混凝土结合不好；有缝隙或夹有杂物，造成结构整体性不良	(1)浇筑混凝土施工缝留槎或接槎时捣固不足； (2)施工缝停置过久没有按规定清除杂物； (3)出现砂子窝，未及时处理	当表面缝隙细时，可用清水冲洗干净，充分湿润后抹水泥浆。对夹层的处理应慎重采取补强措施。梁、柱等补强前，应先搭设临	留槎、接槎的捣固工作，必须按规程先捣固距槎口200～300mm的部位，然后捣固接缝处，清理旧槎口软弱部位时，清除工作宁多勿少，软弱部分尽量清掉。施工缝不宜停置过久，如停歇后继续浇筑，首先应清理杂

续表

缺陷名称及表现	原　因	处理方法	预防措施
		时支撑加固，然后剔凿，清除夹层中杂物和松动的混凝土，用清水冲洗湿润，再灌筑、充塞高一强度等级的细石混凝土，认真捣实、养护	物，再将槎口凿至全部露出新槎。冬期施工时，如有冰雪等，要用热气喷化后清理干净，表面凿毛，抹一层10～15mm厚的水泥砂浆，然后再继续浇筑混凝土。出现砂子窝应及时处理
缺棱掉角： 缺棱掉角指梁、板、柱、墙和洞口直角甩边处，混凝土局部掉落	（1）木模板在混凝土浇筑前未湿润或湿润不够充分，浇筑混凝土后养护不好，棱角处混凝土的水分被模板吸收，拆模时棱角脱落； （2）常温施工时，过早拆除侧面非承重模板，混凝土强度不够，粘结不好而使棱角脱落； （3）拆模时受外力作用或保护不好，棱角被碰掉； （4）冬期施工时，混凝土局部受冻，造成拆模时掉角	缺棱掉角较少时，可将该处用钢丝刷刷净，清水冲洗充分，用1：2或1：2.5的水泥砂浆抹补齐正。对较大的缺棱掉角，可将不牢固的混凝土和突出的骨料颗粒凿除，用水冲刷干净湿透，然后支模，用高一强度等级的细石混凝土补好，认真养护	木模板在浇筑前应浇水润湿，但不得有积水。常温施工：当混凝土的强度达到设计强度的25%时，不承重的侧模可拆除。冬期施工：在保温养护达到设计强度的50%时模板可拆除；拆模时应注意拆模顺序及使用的工具

续表

缺陷名称及表现	原　因	处理方法	预防措施
裂缝： 混凝土结构表面或局部截面出现开裂	(1)浇筑后，表面未及时覆盖养护； (2)水泥用量过多或粉过量； (3)混凝土水灰比过大，木模板过于干燥； (4)预应力筋放张后，控制力偏高，受压后反拱使板面受拉，板面与纵肋收缩不一致； (5)预应力吊车架、桁架等构件端部节点尺寸不够，未配置足够的横向钢筋网片或钢箍； (6)预应力大型屋面板端头，由于放张后，肋端头受压变形，造成板角受拉，横肋端部受剪	细小裂缝，可将裂缝清洗干净，干燥后将环氧树脂溶液胶粘剂或甲凝胶粘剂注入裂缝封闭；裂缝开裂较大时，裂缝凿成V字形，宽5～10mm，然后冲洗干净，干燥后用环氧树脂胶泥压填在V形缝上，反复搓动压实。裂缝开裂过大影响结构强度和刚度时应加固处理：如加大截面尺寸，做钢筋混凝土圈套等；有防水、抗渗等特殊要求的结构，出现裂缝应采用特殊方法处理	裂缝分塑性裂缝和张拉裂缝： 塑性裂缝：浇筑后，对表面应及时用潮湿材料覆盖，认真养护。在气温高、湿度低或风速大条件下施工，应及早喷水养护，大面积浇筑宜浇一段，养护一段；配制混凝土时控制水泥用量，选择级配良好的石块，减少空隙率；严格控制混凝土水灰比。浇筑前，对基层、木模板浇水湿润。 张拉裂缝：预应力张拉或放松时，混凝土必须达到规定强度，操作时，控制应力应准确，并应缓慢放松预应力钢筋；在吊车梁、桁架、托架等构件的端部节点处，增加箍筋或钢筋网片，并保证预应力钢筋外围混凝土有一定厚度；胎模端部加弹性垫层或减缓胎模端部角度，并选用有效脱模剂，防止卡模现象

4.9.2 施工安全技术

（1）作业前

1）操作人员进入现场，必须遵守安全生产纪律。操作振动棒的人员应穿胶鞋。

2）搭车道板时，两头应搁置平稳，并用钉子固定，车道板下每隔1.5m需加横楞、顶撑，2m以上高处，应设防护栏。

3）车道板单车行走宽度不小于1.4m，双车行走宽度不小于2.8m。

4）用输送泵输送混凝土时，作业前，应检查管道接头、安全阀等。

5）检查振动设备的电源、漏电保护开关，电源线不得有破皮、漏电。

6）检查浇筑混凝土的溜槽、串筒节间的牢固程度，操作部位应设护身栏杆。

7）浇筑梁、柱混凝土时，应设操作平台。

8）室内外的井、洞、坑、池、楼梯应设有安全护栏或防护盖、罩等设施。

（2）作业时

1）小车运料时，前后应保持一定距离，不准抢道、超车。卸料时，不得双手脱把，防止翻车伤人。

2）用井架运输时，小车把不得伸出笼外，车轮前后应挡牢，稳起稳落。

3）用塔架、料斗浇筑混凝土时，指挥扶斗人员与塔机司机应注意配合，操作人员应随时站稳，注意料斗碰人。

4）用输送泵输送混凝土时，输送前必须试送，试送无误，方可正式作业。检修输送泵时，必须先卸压。

5）泵车布料时布料杆采取侧向伸出布料，并进行稳定性验算，使倾覆力矩小于稳定力矩。严禁利用布料杆作起重使用。

6）泵送混凝土作业过程中，软管末端出口与浇筑面应保持0.5～1m，防止埋入混凝土造成管内瞬时压力增高爆管伤人。

7）泵车应避免经常处于高压下工作。泵车停歇后再启动时，要注意表压是否正常，预防堵管和爆管。

8）预应力灌浆，应严格按规定压力进行，输浆管道应畅通，阀门接头应严密牢固。

9）在2m以上高处浇筑过梁、雨篷、小平台等，不得站在搭头上操作，如无可靠安全设施时，必须系好安全带，扣好安全钩。

10）浇筑料仓，下口应先行封闭，并铺设临时脚手架，防止人员坠落。

11）浇筑框架梁、柱混凝土，应在操作台上作业，不得直接站在模板支撑上进行操作。

12）用溜槽浇筑混凝土时，不得直接站在溜槽帮上。

13）使用振动器时，不得用湿手接触开关。振动器移动时，不得硬拉电线，不得在钢筋和其他锐利的物体上拖拉电线。

14）少量混凝土采用人工搅拌时，要采取两人对面翻拌作业，防止铁锹等手工工具碰伤；由高处向下推拨混凝土时，要注意不要用力过猛，以免由于惯性作用发生人员摔伤事故。

15）雨天振捣作业时，必须将电机加以遮盖，避免雨水浸入电动机导电伤人。

16）振动器不准在初凝混凝土、板、脚手架、道路和干硬的地方试振。搬运时应切断电源后进行。

17）夜间施工应有足够的照明，照明灯应有防护罩，并不得用超过36V的电压。金属容器内行灯照明不得超过12V。夜间施工期间不得随意移动临时照明线，不得将衣物等挂在电线上。

18）冬期施工，如用炉火增温，必须经主管防火的负责人批准，并有可靠的防火措施。

（3）作业后

1）每班后，应清扫车道上的混凝土余浆、垃圾。

2）清理出的垃圾，不得随意向下抛掷。

3）及时做好混凝土的养护作业。

5 施工管理

5.1 施工计划管理

5.1.1 施工作业计划

（1）计划的分类、作用和主要内容见表5-1-1。

施工作业计划的分类、作用和内容　　表5-1-1

类别	中长期计划	年度计划	季度计划	月计划
作用	指明发展方向、经营方针和经营目标	贯彻经营方针，实现经营目标，指导全年施工生产经营活动	贯彻、落实年度计划，控制月计划	指导日常施工生产经营活动，是年、季计划的具体化
内容	(1)经营基本方针；(2)经营目标；(3)市场开拓规划；(4)技术开发规划；(5)人员与装备规划；(6)基地建设规划；(7)多种经营规划；	(1)综合经济效益计划；(2)承包工程计划；(3)施工计划；(4)劳动、工资计划；(5)材料供应计划；(6)机械设备配置计划；(7)技术组织措施计划；(8)成本计划；	(1)综合经济效益计划；(2)施工计划；(3)劳动生产率及职工人数计划；(4)物资采购运输和供应计划；(5)机械设备能力平衡计划；(6)技术组织措施计划；	(1)基本指标汇总表；(2)施工进度计划；(3)劳动力需要量计划；(4)材料、半成品需要计划；(5)机械设备使用计划；(6)提高劳动生产率降低成本措施计划；

续表

类别	中长期计划	年度计划	季度计划	月计划
内容	(8)企业体制改革和管理手段现代化规划	(9)财务计划； (10)附属辅助生产计划； (11)本身基建和企业改造计划； (12)职工培训计划	(7)成本计划； (8)财务收支计划； (9)附属辅助生产计划	(7)工业产品生产计划； (8)财务收支计划； (9)经营业务活动计划

(2) 编制前准备工作、编制基本依据和编制程序见表5-1-2。

编制前准备工作、编制基本依据和编制程序　　表5-1-2

项目	说　明
编制计划前准备工作	(1) 编好单位工程预算，进行工料分析，提出降低成本措施。 (2) 根据总进度、总平面等的要求确定施工进度和平面布置。 (3) 签订分包协议或劳务合同。 (4) 主要材料设备和施工机具的准备。 (5) 施工测量和抄平放线。 (6) 劳动力的配备。 (7) 施工技术培训和安全交底等
编制计划的基本依据	(1) 年、季计划；施工组织设计；施工图纸；有关技术资料和上级文件；施工合同等。 (2) 上一计划期的工程实际完成情况；新开工程的施工准备工作情况。 (3) 计划期内的物资、加工品、机械设备的落实情况。 (4) 实际可能达到的劳动效率、机械的台班产量；材料消耗定额等

续表

项目	说明
编制计划的程序	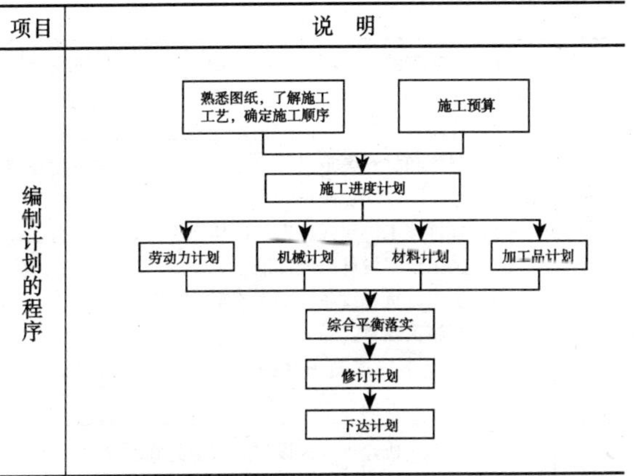

5.1.2 开工、竣工和施工顺序

(1) 施工顺序

施工顺序是指一个建设项目（包括生产、生活、主体、配套、庭园、绿化、道路以及各种管道等）或单位工程，在施工过程中应遵循的合理的施工顺序。对于一个工程的全部项目来讲，应该是：

1) 首先搞好基础设施，包括红线外的给水、排水、电、电信、燃气热力、交通道路等，后红线内。

2) 红线内工程，先全场性的，包括场地平整、道路、管线等，后单项；先地下、后地上。

3) 全部工程在安排时要主体工程和配套工程（变电室、热力点、污水处理等）相适应，力争配套工程为施工服务；主体工程竣工时能投产使用。

(2) 开竣工应具备的条件见表5-1-3。

开工和竣工条件　　表 5-1-3

项目	说　明
开工条件	(1) 有完整的施工图纸或按组织设计规定分阶段所必须具备的施工图纸。 (2) 有建设行政主管部门签发的施工许可证。 (3) 财务和材料渠道已经落实，并能按工程进度需要拨料和拨款。 (4) 签订施工协议或根据设计预算签订的施工合同。 (5) 施工组织设计已经批准。 (6) 加工订货和设备已基本落实。 (7) 有施工预算。 (8) 已基本完成施工准备工作，现场达到"三通一平"（即水通、电通、路通，现场平整）
竣工条件	(1) 全部完成经批准的设计所规定的施工项目。 (2) 工业项目要达到试运转或投产；民用工程要达到使用要求。 (3) 主要的附属配套工程，如变电室、锅炉房或热力点、给水排水、燃气、电信等已能交付使用。 (4) 建筑物周围按规定进行了平整和清理。做好园林绿化。 (5) 工程质量经验收合格

5.2　施工技术管理

5.2.1　施工技术管理的主要工作

见图 5-2-1。

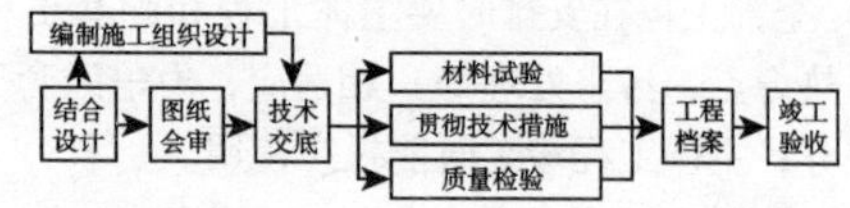

图 5-2-1　施工技术管理的主要工作

5.2.2 施工组织设计

（1）施工组织设计分类见表5-2-1。

施工组织设计分类　　表5-2-1

分类项目	说　明
施工组织总设计	它是以整个建设项目或建筑群为对象，要对整个工程施工进行全盘考虑、全面规划，用以指导全场性的施工准备和有计划地运用施工力量开展施工活动，确定拟建工程的施工期限、施工顺序、施工的主要方法，重大技术措施，各种临时设施的需要量及施工现场的总平面布置，并提出各种技术物资的需要量，为施工准备创造条件
施工组织设计(或施工设计)	它是以单项工程或单位工程为对象，用以直接指导单位工程或单项工程的施工，在施工组织总设计的指导下，具体安排人力、物力和建筑安装工作，是制定施工计划和作业计划的依据
分部(项)工程施工设计	是指重要或是新的分项工程、或专业施工的分项设计。如基础、结构、装修分部；深基坑挡土支护、钢结构安装、冬期和雨期施工，以及新工艺、新技术等特殊的施工方法等

（2）施工组织设计的主要内容和编制程序（图5-2-2）。

（3）编制施工组织总设计的条件及主要技术经济指标。

编制施工组织总设计所需的自然技术经济条件参考资料及主要技术经济指标见表5-2-2。

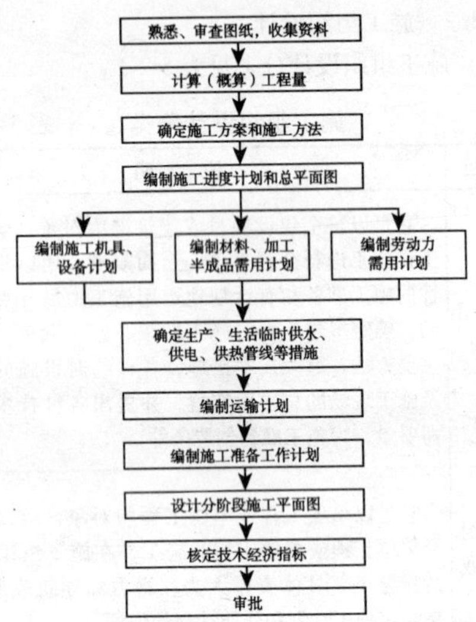

图 5-2-2 施工组织设计的主要内容和编制程序

编制施工组织总设计的参考资料 **表 5-2-2**

类别	名称	内容说明
自然条件资料、地形资料	建设地区地形图	比例尺一般不小于 1：2000 等高线差为 5～10m，图上应注明居住区、工业区、自来水厂、车站、码头、交通道路和供电网路等位置
	工程位置地形图	比例尺一般为 1：2000 或 1：1000 等高线差为 0.5～1.0m，应注明控制水准点、控制桩和 100～200m 方格坐标网

续表

类别	名　称	内容说明
工程地质资料	建设地区钻孔布置图；工程地质剖面图、地区土层物理力学性质资料，土层试验报告，地震试验	表明地下有无古墓、洞穴、枯井及地下构筑物等，是否满足确定土方和基础施工方法的要求
水文资料	地下水资料	表明地下水位及其变化范围，地下水的流向、流速和流量，水质分析等
	地面水资料	邻近的江河湖泊及距离、洪水、平水及枯水期的水位、流量和航道深度、水质分析等
气象资料	气温资料	年平均、最高、最低温度，最热最冷月的逐月平均温度，冬、夏季室外计算温度，不大于-3℃、0℃、5℃的天数及起止时间等
	降雨资料	雨季起迄时间、全年降水量及日最大降水量
	风的资料	主导风向及频率、全年8级以上大风的天数及时间
技术经济资料	地方资源情况	当地有无可供生产建筑材料及建筑配件的资源，如石灰岩、石山、河沙、黏土、石膏及地方工业的副产品（粉煤灰、矿渣等）其蕴藏量，物理化学性能及有无开采价值
	建筑材料构件生产供应情况	(1) 当地有无采料场、建筑材料和构配件生产企业，其分布情况及隶属关系，其产品种类和规格，生产和供应能力，出厂价格、运输方式、运距、运费等； (2) 当地建筑材料市场情况

续表

类别	名称	内容说明
技术经济资料	交通运输情况	(1) 铁路：邻近有无可供使用的铁路专用线，车站与工地的距离，装卸条件，装卸费及运费等； (2) 公路：通往工地的公路等级、宽度、允许最大载重量，桥涵的最大承载力和通过能力，当地可提供的运力和车辆修配能力； (3) 水运和空运的有关情况
	供水、供电情况	(1) 从地区电力网取得电力的可能性、供应量、接线地点及使用条件等； (2) 水源及可供施工用水的可能性、供水量、连接地点，现有给水管径、埋深、水压等
	劳动力及生活设施情况	(1) 当地可提供的劳动力及劳动力市场情况，可作为施工工人和服务人员的数量和文化技术水平； (2) 建设地区现有的可供施工人员用的职工宿舍、食堂、浴室，文化娱乐设施的数量、地点、面积、结构特征、交通和设备条件等
技术经济指标	施工工期	从工程正式开工到竣工所需要的时间
	劳动生产率	1. 产值指标 建安工人劳动生产率 = $\frac{\text{自行完成施工产值}}{\text{建安工人(包括徒工、民工)平均人数}}$ (元/人) 2. 实物量指标 (1) 工人劳动生产率 = $\frac{\text{完成某工种工程量}}{\text{某工种平均人数}}$ (工程量单位/人) (2) 单位工程量用工 = $\frac{\text{全部劳动工日数}}{\text{竣工面积}}$ (工日/单位工程量)

续表

类别	名　称	内容说明
技术经济指标	劳动力不均衡系数 K	$K=\frac{施工期高峰人数}{施工期平均人数}$
	降低成本额和降低成本率	降低成本额＝预算成本－计划成本 $降低成本率=\frac{降低成本额}{预算成本}\times100\%$
	其他指标	1. 机械利用率＝ $\frac{某种机械平均每台班实际产量}{某种机械台班定额产量}\times100\%$ 2. 临时工程投资比＝ $\frac{全部临时工程投资}{建安工程总值}$ 3. 机械化施工程度＝ $\frac{机械化施工完成工作量(实物量)}{总工作量（实物量）}\times100\%$

5.2.3　技术交底

在条件许可的情况下，施工单位最好能在扩大初步设计阶段就参与制定工程的设计方案，实行建设单位、设计单位、施工单位“三结合”。这样，施工单位可以提前了解设计意图，反馈施工信息，使设计能适应施工单位的技术条件、设备和物资供应条件，确保设计质量，避免设计返工。

施工单位应根据设计图纸作施工准备，制定施工方案，进行技术交底。技术交底分工和内容见表5-2-3。

技术交底分工和内容　　表 5-2-3

交底部门	交底负责人	参加单位和人员	技术交底的主要内容
施工企业(公司)	总工程师	有关施工单位的行政、技术负责人、公司职能部门负责人	(1)由公司负责编制的施工组织设计； (2)由公司决定的重点工程，大型工程或技术复杂工程的施工技术关键性问题； (3)设计文件要点及设计变更洽商情况； (4)总分包配合协作的要求、土建和安装交叉作业的要求； (5)国家、建设单位及公司对该工程的工期、质量、成本、安全等要求； (6)公司拟采取的技术组织措施
项目经理部	主任工程师(总工程师)	单位工程负责人、技术员、质量检查员、安全员、职能部门的有关人员、内部协作（或分包）人员	(1)由项目经理部编制的施工组织设计或施工方案； (2)设计文件要点及设计变更、洽商情况； (3)关键性的技术问题，新操作方法和有关技术规定； (4)主要施工方法和施工程序安排； (5)保证进度、质量、安全、节约的技术组织措施； (6)材料结构的试验项目
基层施工单位	项目技术负责人或技术员	参与施工的各班组负责人及有关技术骨干工人	(1)落实有关工程的各项技术要求； (2)提出施工图纸上必须注意的尺寸，如轴线、标高、预留孔洞、预埋件镶入构件的位置、规格、大小、数量等； (3)所用各种材料的品种、规格、等级及质量要求； (4)混凝土、砂浆、防水、保温、耐火、耐酸、防腐蚀材料等的配合比和技术要求； (5)有关工程的详细施工方法、程序，工种之间、土建与各专业单位之间的交叉配合部位，工序搭接及安全操作要求；

续表

交底部门	交底负责人	参加单位和人员	技术交底的主要内容
基层施工单位	项目技术负责人或技术员	参与施工的各班组负责人及有关技术骨干工人	(6)各项技术指标的要求，具体实施的各项技术措施； (7)设计修改、变更的具体内容或应注意的关键部位； (8)有关规范、规程和工程质量要求； (9)结构吊装机械、设备的性能，构件重量，吊点位置，索具规格尺寸，吊装顺序，节点焊接及支撑系统，以及注意事项； (10)在特殊情况下，应知应会应注意的问题

5.2.4 材料检验管理和工程档案工作

材料检验管理和工程档案工作见表5-2-4。

材料检验管理与工程档案工作　表5-2-4

项目	类别	资料项目及内容
材料检验管理	有关结构、装饰、防水等材料的检验管理	1. 用于施工的原材料、成品、半成品、设备等，必须由供应部门提出合格证明文件。对没有证明文件或虽有证明文件但技术领导或质量管理、试验部门认为有必要复验的材料，在使用前必须进行抽查、复验、证明合格后才能使用。 2. 钢材、水泥、砖、焊条等结构用的材料除应有出厂证明或检验单外，还要根据规范和设计要求进行检验。 3. 高低压电缆和高压绝缘材料，要进行耐压试验。 4. 混凝土、砂浆、防水材料的配合比，应先提出试配要求，经试验合格后才能使用。 混凝土试块要按现行国家标准《混凝土结构工程施工质量验收规范》（GB 50204）的有关要求留置和检验。

续表

项目	类别	资料项目及内容
材料检验管理	有关结构、装饰、防水等材料的检验管理	5. 钢筋混凝土构件及预应力钢筋混凝土构件也应按上述规范进行抽样试验。 6. 必须对预制厂等工厂生产的成品、半成品进行严格检查，签发出厂合格证。不合格的不能出厂。 7. 新材料、新产品、新构件，要在对其做出技术鉴定，制定出质量标准及操作规程后，才能在工程上使用。 8. 在现场配制的建筑材料，如防水材料、防腐蚀材料、耐火材料、绝缘材料、保温材料、润滑材料等，均应按试验室确定的配合比和操作方法进行施工。 9. 加强对工业设备和施工机械的检查、试验和试运转工作。设备运到现场后，安装前必须按有关技术规范、规程进行检查验收，做好记录
工程档案	有关建筑物合理使用、维护、改建扩建的参考文件资料，工程竣工时提交建设单位保存	1. 施工执照，地质勘探资料。 2. 永久水准点的坐标位置，建筑物、构筑物及其基础深度等的测量记录。 3. 竣工部分一览表（竣工工程名称、位置、结构层次、面积或规格，附有的设备装置和工具等）。 4. 图纸会审记录，设计变更通知单和技术核定单。 5. 隐蔽工程验收记录（包括打桩、试桩、吊装记录）。 6. 材料、构件和设备质量合格证明（包括出厂证明、质量保证书）。 7. 成品及半成品出厂证明及检验记录。 8. 工程质量事故调查和处理记录。 9. 土建施工必要的试验、检验记录： (1)结构混凝土及砂浆试块强度记录，按施工顺序排列编号，注明结构部位，将试验室的试验单原件及汇总表装订成册； (2)混凝土抗渗试验资料； (3)土质干密度试验资料，在基础施工时应分步取样并绘制部位图存档； (4)沥青玛瑞脂试验记录； (5)耐酸耐碱试验记录。

续表

项目	类别	资料项目及内容
工程档案	有关建筑物合理使用、维护、改建扩建的参考文件资料，工程竣工时提交建设单位保存	10. 设备安装及暖气、卫生、电气、通风工程施工试验记录。 11. 施工记录，一般应包括以下内容： (1)地基处理记录。主要是指基础验槽时设计单位和勘探单位的处理意见，必要时绘制地基处理图；特殊地层处理如打桩、暗滨处理加固、重锤夯实等，按操作要求记录，有分包配合施工者，由总包和分包单位一起做验收记录； (2)工程质量事故、安全事故处理记录。事故部位、发生原因、处理办法、处理后的情况应用文字或图表记录，必要时用照片和录像做好记录； (3)预制构件吊装记录。主要指厂房、大型预制构件的吊装过程记录，焊接记录和测试、验收记录； (4)新技术、新工艺及特殊施工项目的有关记录，如滑模、升板工程的偏差记录等； (5)预应力构件现场施工及张拉记录； (6)构件荷载试验记录。 12. 建筑物、构筑物的沉降和变形观测记录。 13. 未完工程的中间交工验收记录。 14. 由施工单位和设计单位提出的建筑物、构筑物使用注意事项文件。 15. 其他有关该项工程的技术决定。 16. 竣工验收证明。 17. 竣工图
	为系统积累经验由施工单位保存的技术资料	1. 施工组织设计、施工设计和施工经验总结。 2. 本单位初次采用或施工经验不足的新结构、新技术、新材料的试验研究资料，施工操作专题经验总结。 3. 技术革新建议的试验、采用、改进的记录。 4. 有关的重要技术决定和技术管理的经验总结。 5. 施工日志等
	大型临时设施档案	包括工棚、食堂、仓库、围墙、钢丝网、变压器、水电管线的总平面布置图、施工图、临时设施有关的结构构件计算书，必要的施工记录

5.3 安全管理

5.3.1 安全技术责任制

（1）企业单位各级领导人员在管理生产的同时，必须负责管理安全工作，认真贯彻执行国家有关劳动保护的法令和制度，在计划、布置、检查、总结、评比生产的同时要计划、布置、检查、总结、评比安全工作。

（2）企业单位的生产、技术、设计、供销、运输、财务等有关专职机构，应在各自专业范围内，对实现安全生产的要求负责。

（3）企业单位各生产小组都应该设有不脱产的安全员。小组安全员在生产小组长的领导和劳动保护干部的指导下，应当在安全生产方面以身作则，起模范带头作用，并协助小组长做好下列工作：经常对本组工人进行安全生产教育；督促他们遵守安全操作规程和各种安全生产制度；正确地使用个人防护用品；检查和维护本组的安全设备；发现生产中有不安全情况的时候，及时报告；参加事故的分析和研究，协助领导实现防止事故的措施。

5.3.2 安全技术措施计划

（1）企业单位在编制生产、技术、财务计划的同时，必须编制安全技术措施计划。安全技术措施所需的设备、材料，应该列入物资、技术供应计划，对于每项措施，应该确定实现的限期和负责人。企业的领导人应该对安全技术措施计划的编制和贯彻执行负责。

（2）安全技术措施计划的范围，包括以改善劳动条件（主要指影响安全和健康的）、防止伤亡事故、预防职业病和职业中毒为目的的各项措施，不要与生产、基建和福利等措施混淆。

(3) 安全技术措施计划所需的经费，按照现行规定，属于增加固定资产的，由国家拨款；属于其他零星支出的，摊入生产成本。企业主管部门应该根据所属企业安全技术措施的需要，合理地分配国家的拨款。劳动保护费的拨款，企业不得挪作他用。

5.3.3 安全生产教育

(1) 企业单位必须认真地对新工人进行安全生产的入厂教育，车间教育和现场教育，并且经过考试合格后，才能准许其进入操作岗位。

(2) 对于燃气、起重、锅炉、受压容器、焊接、车辆驾驶、爆破、瓦斯检验等特殊工种的工人，必须进行专门的安全操作技术训练，经过考试合格后，才能准许他们操作。

(3) 企业单位都必须建立安全活动日和在班前班后会上检查安全生产情况等制度，对职工进行经常的安全教育。并且注意结合职工文化生活，进行各种安全生产的宣传活动。

(4) 在采用新的生产方法、添设新的技术设备、制造新的产品或调换工人工作的时候，必须对工人进行新操作法和新工作岗位的安全教育。

5.3.4 安全生产检查

(1) 企业单位对生产中的安全工作，除进行经常的检查外，每年还应该定期地进行二至四次群众性的检查，这种检查包括普遍检查、专业检查和季节性检查，这几种检查可以结合进行。

(2) 开展安全生产检查，必须有明确的目的、要求和具体计划，并且必须建立由企业领导负责，有关人员参加的安全生产检查组织，以加强领导，做好这项工作。

(3) 安全生产检查应该始终贯彻领导与群众相结合的原则，依靠群众，边检查，边改进，并且及时地总结和推广先进经验。有些限于物质技术条件当时不能解决的问题，也应该订出计划，按期解决，必须做到条条有着落，件件有交代。

5.3.5 伤亡事故调查和处理

(1) 企业单位应该严肃、认真地贯彻执行国务院发布的“工人职员伤亡事故报告规程”。事故发生以后，企业领导人应该立即负责组织职工进行调查和分析，认真地从生产、技术、设备、管理制度等方面找出事故发生的原因；查明责任，确实改进措施，并且指定专人，限制贯彻执行。

(2) 对于违反政策法令和规章制度或工作不负责任而造成事故的，应该根据情节的轻重和损失的大小，给予不同的处分，直至送交司法机关处理。

(3) 时刻警惕一切犯罪分子的破坏活动，发现有关破坏活动时，应立即报告公安机关，并积极协助调查处理。对于那些思想麻痹、玩忽职守的有关人员，应该根据具体情况，给予应得处分。

(4) 企业的领导人对本企业所发生的事故应该定期进行全面分析，找出事故发生的规律，订出防范办法，认真贯彻执行，以减少和防止事故。对于在防范事故中表现好的职工，给以适当的表扬或物质鼓励。

5.4 施工工长的主要工作

5.4.1 技术准备工作

技术准备工作见表5-4-1。

技术准备工作　　　　表 5-4-1

项次	项　目	说　明
1	熟悉图纸	工长要熟悉图样内容、要求和特点，参与图样会审要重点关注以下方面： (1)各部混凝土结构图（包括平面布置图、剖面图、节点大样图等）; (2)混凝土操作工艺要求及说明; (3)混凝土材料及选用的支撑系统; (4)施工图与说明在内容上是否一致，与其他组成部分间有无矛盾或错误; (5)总平面图与其他图样在尺寸、标高上是否一致，技术要求是否正确; (6)施工图中，施工难度大和技术要求高的分项工程和采用新结构、新材料、新工艺的分项工程与企业现有施工技术水平、管理水平能否满足要求，不足之处如何采取特殊技术措施加以保证; (7)分项工程施工所需材料、设备的数量、规格、来源和供货时间与设计要求是否一致; (8)分期、分批投产或交付使用的顺序和时间; (9)设计方、承包方、监理方、分包方之间的协作、配合关系，建设单位、承包方向分包方提供的施工条件
2	熟悉施工组织设计	(1)生产部署; (2)施工顺序; (3)施工方法和技术措施; (4)施工平面布置
3	准备交底	(1)一般工程(工人已熟悉的项目)——准备简要的操作交底和措施及要求; (2)特殊工程（如新技术等）——准备图纸和大样，准备细部做法和要求

5.4.2　班组操作前准备工作

班组操作前准备工作见表 5-4-2。

班组操作前准备工作　　表 5-4-2

项次	项　目	说　明
1	工作面的准备	清理现场，道路畅通，搭设架木，准备好操作面
2	施工机械准备	组织施工机械进场，接上电源进行试运行，并检查安全装置
3	材料和工具准备	材料进场按施工平面图布置要求等进行堆放；工具按班组人员配备
4	作业条件准备	(1)图样会审后，根据工作特点、计划合同工期及现场环境等编写各分部、分项混凝土结构操作工艺要求及说明。 (2)根据工程结构形式、特点和现场施工条件，合理确定施工的流水段划分。 (3)模板已支设完毕，钢筋绑扎完，预埋水电管线、预埋件等，绑好钢筋保护层垫块，并办理好预检、隐检手续

5.4.3　调查研究班组人员及工序情况

调查研究班组人员及工序情况见表 5-4-3。

调查研究班组人员和工序情况　表 5-4-3

项次	项　　目	说　　明
1	调查班组情况	(1)人员配备； (2)技术力量； (3)生产能力
2	研究工序	(1)确定工种之间的搭接次序、时间和部位； (2)协助班组长做好人员安排： ①根据工作面计划流水和分段； ②根据流水分段和技术力量进行人员分档； ③根据分档情况配备运输、配料、供档的力量

5.4.4　向工人交底

向工人交底的详细内容见表 5-4-4。

向工人交底　　　　表 5-4-4

项次	项　　目	说　　明
1	计划交底	(1)任务数量。 (2)任务开始、结束时间。 (3)该任务在全部工程中对其他工序的影响和重要程度
2	定额交底	(1)劳动定额。 (2)材料消耗定额。 (3)机械配合台班及每台班产量
3	技术措施和操作方法交底	(1)施工规范、技术规程和工艺标准的有关部分； (2)有关图纸要求及细部做法； (3)施工组织设计或施工方案的要求和所采取的提高工程质量、保证安全生产的技术措施； (4)具体操作部位的施工技术要求及注意事项； (5)具体操作部位的施工质量要求； (6)对关键性部位或新结构、新技术、新材料、新工艺推广项目和部位采取的特殊技术措施，必要时，应作文字交底，样板交底以及示范操作交底； (7)消灭质量通病的技术措施； (8)施工进度要求； (9)总分包协作施工组（队）的交叉作业、协作配合的注意事项，以及施工进度计划安排； (10)安全技术交底主要内容有： ① 施工项目的施工作业特点，作业中的潜在危险因素和存在问题； ② 针对危险因素、危险点应采取的具体预防措施，以及新的安全技术措施等； ③ 作业中应注意的安全事项； ④ 相应的安全操作规程和标准； ⑤ 发生事故后应及时采取的避险和急救措施； ⑥ 定期向由两个以上作业队和多工种进行交叉施工的作业队伍进行书面交底； ⑦ 保持书面安全技术交底签字记录

续表

项次	项　　目	说　　明
4	安全生产交底	(1)施工操作和运输过程中的安全事项。 (2)使用机电设备安全事项。 (3)高空作业和消防安全事项
5	管理制度交底	(1)自检、互检、交接检的具体时间和部位。 (2)分部分项质量验收标准和要求。 (3)现场场容管理制度的要求。 (4)样板的建立和要求

5.4.5　施工任务的下达、检查和验收

施工任务的下达、检查和验收见表5-4-5。

施工任务的下达、检查和验收　　表5-4-5

项次	项　　目	说　　明
1	操作中的具体指导和检查	(1) 检查抄平、放线、准备工作是否符合要求； (2) 工人能否按交底要求进行施工（必要时进行示范）； (3) 一些关键部位是否符合要求，如留槎、留洞、加筋、预埋件等，并及时提醒工人； (4)随时提醒安全、质量和现场场容管理中的倾向性问题； (5)按工程进度及时进行隐、预检和交接检，配合质量检查人员搞好分部分项工程质量验收
2	施工任务的下达与验收	(1)向班组下达施工任务书；任务完成后，按照计划要求、质量标准进行验收； (2)当完成分部分项工程以后，工长一方面须查阅有关资料，如混凝土强度等级，钢筋强度，砖的强度等级是否符合设计要求等，另一方面须通知技术员、质量检查员、施工的班组长，对所施工的部位或项目，按照质量标准进行检查验收，合格产品须填写表格，进行签字，不合格产品要立即组织原施工班组进行维修或返工

5.4.6 做好施工日志工作

施工日志记载的主要内容：

（1）当日气候实况；

（2）当日工程进展；

（3）工人调动情况；

（4）资源供应情况；

（5）施工中的质量安全问题；

（6）设计变更和其他重大决定；

（7）经验和教训。

6 工程量计算

6.1 工程量清单项目设置及计算规则

根据《建设工程工程量清单计价规范》(GB 50500—2003）中关于工程数量的计算规定：工程数量应按《规范》中计价规则“分部分项清单项目”规定的工程量计算规则计算。

其中工程量的有效位数应遵守下列规定：

以“t”为单位，应保留小数点后三位数字，第四位四舍五入。

以“m^3”、“m^2”、“m”为单位，应保留小数点后两位数字，第三位四舍五入。

以“个”、“项”、“次”等为单位，应取整数。

混凝土工程量计算应按以下分项计算工程量。

6.1.1 现浇混凝土

（1）现浇混凝土基础工程（表 6-1-1）

现浇混凝土基础（编码：010401）　表 6-1-1

项目编码	项目名称	项目特征	计量单位	工程量计算规则	工程内容
010401001	带形基础	1. 垫层材料种类、厚度； 2. 混凝土强度等级；	m^3	按设计图示尺寸以体积计算。不扣除构件内钢筋、预埋	1. 铺设垫层； 2. 混凝土制作、运输、浇筑、振捣、养护；
010401002	独立基础				
010401003	满堂基础				

续表

项目编码	项目名称	项目特征	计量单位	工程量计算规则	工程内容
010401004	设备基础	3. 混凝土拌合料要求； 4. 砂浆强度等级	m^3	件和伸入承台基础桩头所占体积	3. 地脚螺栓二次灌浆
010401005	桩承台基础				

（2）现浇混凝土柱工程（表6-1-2）

现浇混凝土柱（编码：010402）　表6-1-2

项目编码	项目名称	项目特征	计量单位	工程量计算规则	工程内容
010402001	矩形柱	1. 柱高度； 2. 柱截面尺寸； 3. 混凝土强度等级； 4. 混凝土拌合料要求	m^3	按设计图示尺寸以体积计算。不扣除构件内钢筋、预埋件所占体积。 1. 有梁板的柱高，应自柱基上表面(或楼板上表面)至上一层楼板上表面之间的高度计算； 2. 无梁板的柱高，应自柱基上表面（或楼板上表面）至柱帽下表面之间的高度计算； 3. 框架柱的柱高，应自柱基上表面至柱顶高度计算； 4. 构造柱按全高计算，嵌接墙体部分并入柱身体积； 5. 依附柱上的牛腿和升板的柱帽，并入柱身体积计算	混凝土、制作、运输、浇筑、振捣、养护
010402002	异形柱				

（3）现浇混凝土梁工程（表6-1-3）

现浇混凝土梁（编码：010403）　表6-1-3

<table>
<tr><th>项目编码</th><th>项目名称</th><th>项目特征</th><th>计量单位</th><th>工程量计算规则</th><th>工程内容</th></tr>
<tr><td>010403001</td><td>基础梁</td><td rowspan="6">1. 梁底标高；
2. 梁截面；
3. 混凝土强度等级；
4. 混凝土拌合料要求</td><td rowspan="6">m^3</td><td rowspan="6">按设计图示尺寸以体积计算。不扣除构件内钢筋、预埋件所占体积，伸入墙内的梁头、梁垫并入梁体积内：
1. 梁与柱连接时，梁长算至柱侧面；
2. 主梁与次梁连接时，次梁长算至主梁测面</td><td rowspan="6">混凝土制作、运输、浇筑、振捣、养护</td></tr>
<tr><td>010403002</td><td>矩形梁</td></tr>
<tr><td>010403003</td><td>异形梁</td></tr>
<tr><td>010403004</td><td>圈梁</td></tr>
<tr><td>010403005</td><td>过梁</td></tr>
<tr><td>010403006</td><td>弧形、拱形梁</td></tr>
</table>

（4）现浇混凝土墙工程（表6-1-4）

现浇混凝土墙（编码：010404）　表6-1-4

<table>
<tr><th>项目编码</th><th>项目名称</th><th>项目特征</th><th>计量单位</th><th>工程量计算规则</th><th>工程内容</th></tr>
<tr><td>010404001</td><td>直形墙</td><td rowspan="2">1. 墙类型；
2. 墙厚度；
3. 混凝土强度等级；
4. 混凝土拌合料要求</td><td rowspan="2">m^3</td><td rowspan="2">按设计图示尺寸以体积计算。不扣除构件内钢筋、预埋件所占体积，扣除门窗洞口及单个面积 $0.3m^2$ 以外的孔洞所占体积，墙垛及突出墙面部分并入墙体体积内计算</td><td rowspan="2">混凝土制作、运输、浇筑、振捣、养护</td></tr>
<tr><td>010404002</td><td>弧形墙</td></tr>
</table>

(5) 现浇混凝土楼梯工程（表6-1-5）

现浇混凝土楼梯（编码：010406） 表6-1-5

项目编码	项目名称	项目特征	计量单位	工程量计算规则	工程内容
010406001	直形楼梯	1. 混凝土强度等级； 2. 混凝土拌合料要求	m^3	按设计图示尺寸以水平投影面积计算。不扣除宽度小于500mm的楼梯井，伸入墙内部分不计算	混凝土制作、运输、浇筑、振捣、养护
010406002	弧形楼梯				

(6) 现浇混凝土板工程（表6-1-6）

现浇混凝土板（编码：010405） 表6-1-6

项目编码	项目名称	项目特征	计量单位	工程量计算规则	工程内容
010405001	有梁板	1. 板底标高； 2. 板厚度； 3. 混凝土强度等级； 4. 混凝土拌合料要求	m^3	按设计图示尺寸以体积计算。不扣除构件内钢筋、预埋件及单个面积$0.3m^2$以内的孔洞所占体积。有梁板（包括主、次梁与板）按梁、板体积之和计算，无梁板按板和柱帽体积之和计算，各类板伸入墙内的板头并入板体积内计算，薄壳板的肋、基梁并入薄壳体积内计算	混凝土制作、运输、浇筑、振捣、养护
010405002	无梁板				
010405003	平板				
010405004	拱板				
010405005	薄壳板				
010405006	栏板				
010405007	天沟、挑檐板	1. 混凝土强度等级； 2. 混凝土拌合料要求		按设计图示尺寸以体积计算	
010405008	雨篷、阳台板			按设计图示尺寸以墙外部分体积计算。包括伸出墙外的牛腿和雨篷反挑檐的体积	
010405009	其他板			按设计图示尺寸以体积计算	

（7）现浇混凝土其他构件工程（表 6-1-7）

现浇混凝土其他构件

（编码：010407）　　**表 6-1-7**

项目编码	项目名称	项目特征	计量单位	工程量计算规则	工程内容
010407001	其他构件	1. 构件类型； 2. 构件规格； 3. 混凝土强度等级； 4. 混凝土拌合料要求	m^3（m^2、m）	按设计图示尺寸以体积计算。不扣除构件内钢筋、预埋件所占体积	混凝土制作、运输、浇筑、振捣、养护
010407002	散水、坡道	1. 垫层材料种类、厚度； 2. 面层厚度； 3. 混凝土强度等级； 4. 混凝土拌合料要求； 5. 填塞材料种类	m^2	按设计图示尺寸以面积计算。不扣除单个 0.3m^2 以内的孔洞所占面积	1. 地基夯实； 2. 铺设垫层； 3. 混凝土制作、运输、浇筑、振捣、养护； 4. 变形缝填塞
010407003	电缆沟、地沟	1. 沟截面； 2. 垫层材料种类、厚度； 3. 混凝土强度等级； 4. 混凝土拌合料要求； 5. 防护材料种类	m	按设计图示中心线长度计算	1. 挖运土石； 2. 铺设垫层； 3. 混凝土制作、运输、浇筑、振捣、养护； 4. 刷防护材料

（8）后浇带工程（表6-1-8）

后浇带（编码：010408）　**表6-1-8**

项目编码	项目名称	项目特征	计量单位	工程量计算规则	工程内容
010408001	后浇带	1. 部位； 2. 混凝土强度等级； 3. 混凝土拌合料要求	m^3	按设计图示尺寸以体积计算	混凝土制作、运输、浇筑、振捣、养护

6.1.2　预制混凝土

（1）预制混凝土柱工程（表6-1-9）

预制混凝土柱（编码：010409）　**表6-1-9**

项目编码	项目名称	项目特征	计量单位	工程量计算规则	工程内容
010409001	矩形柱	1. 柱类型； 2. 单件体积； 3. 安装高度； 4. 混凝土强度等级； 5. 砂浆强度等级	m^3（根）	1. 按设计图示尺寸以体积计算。不扣除构件内钢筋、预埋件所占体积； 2. 按设计图示尺寸以“数量”计算	混凝土制作、运输、浇筑、振捣、养护，构件制作，运输、安装，砂浆制作、运输，接头灌缝、养护
010409002	异形柱				

（2）预制混凝土梁工程（表6-1-10）

预制混凝土梁（编码：0104010）　**表6-1-10**

项目编码	项目名称	项目特征	计量单位	工程量计算规则	工程内容
0104010001	矩形梁	1. 单件体积； 2. 安装高度；	m^3（根）	按设计图示尺寸以体积计算。不扣除构件内钢筋、预埋件所占体积	1. 混凝土制作、运输、浇筑、振捣、养护；
0104010002	异形梁				

续表

项目编码	项目名称	项目特征	计量单位	工程量计算规则	工程内容
0104010003	过梁	3. 混凝土强度等级； 4. 砂浆强度等级	m^3 （根）	按设计图示尺寸以体积计算。不扣除构件内钢筋、预埋件所占体积	2. 构件制作、运输； 3. 构件安装； 4. 砂浆制作、运输； 5. 接头灌缝、养护
0104010004	拱形梁				
0104010005	鱼腹式吊车梁				
0104010006	风道梁				

（3）预制混凝土屋架工程（表6-1-11）

预制混凝土屋架

（编码：0104011）　　**表6-1-11**

项目编码	项目名称	项目特征	计量单位	工程量计算规则	工程内容
0104011001	折线型屋架	1. 屋架的类型、跨度； 2. 单件体积； 3. 安装高度； 4. 混凝土强度等级； 5. 砂浆强度等级	m^3 （榀）	按设计图示尺寸以体积计算。不扣除构件内钢筋、预埋件所占体积	1. 混凝土制作、运输、浇筑、振捣、养护； 2. 构件制作、运输； 3. 构件安装； 4. 砂浆制作、运输； 5. 接头灌缝、养护
0104011002	组合屋架				
0104011003	薄腹屋架				
0104011004	门式钢架屋架				
0104011005	天窗架屋架				

（4）预制混凝土板工程（表6-1-12）

预制混凝土板

（编码：0104012）　　　**表6-1-12**

项目编码	项目名称	项目特征	计量单位	工程量计算规则	工程内容
0104012001	平板	1. 构件尺寸； 2. 安装高度； 3. 混凝土强度等级； 4. 砂浆强度等级	m^3（块）	按设计图示尺寸以体积计算。不扣除构件内钢筋、预埋件及单个尺寸300mm×300mm以内的孔洞所占体积，扣除空心板空洞体积	1. 混凝土制作、运输、浇筑、振捣、养护； 2. 构件制作、运输； 3. 构件安装； 4. 升板提升； 5. 砂浆制作、运输； 6. 接头灌缝、养护
0104012002	空心板				
0104012003	槽形板				
0104012004	网架板				
0104012005	折形板				
0104012006	带肋板				
0104012007	大型板				
0104012008	沟盖板、井盖板、井圈	1. 构件尺寸； 2. 安装高度； 3. 混凝土强度； 4. 砂浆强度等级	m^3（块、套）	按设计图示尺寸以体积计算。不扣除构件内钢筋、预埋件所占体积	1. 混凝土制作、运输、浇筑、振捣、养护； 2. 构件制作、运输； 3. 构件安装； 4. 砂浆制作、运输； 5. 接头灌缝、养护

（5）预制混凝土楼梯工程（表6-1-13）

预制混凝土楼梯

（编码：0104013）　　**表 6-1-13**

项目编码	项目名称	项目特征	计量单位	工程量计算规则	工程内容
0104013001	楼梯	1. 楼梯类型； 2. 单件体积； 3. 混凝土强度等级； 4. 砂浆强度等级	m^3	按设计图示尺寸以体积计算。不扣除构件内钢筋、预埋件所占体积，扣除空心踏步板空洞体积	1. 混凝土制作、运输、浇筑、振捣、养护； 2. 构件制作、运输； 3. 构件安装； 4. 砂浆制作、运输； 5. 接头灌缝、养护

（6）其他预制构件工程（表 6-1-14）

其他预制构件

（编码：0104014）　　**表 6-1-14**

项目编码	项目名称	项目特征	计量单位	工程量计算规则	工程内容
0104014001	烟道、垃圾道、通风道	1. 构件类型； 2. 单件体积； 3. 安装高度； 4. 混凝土强度等级； 5. 砂浆强度等级	m^3	按设计图示尺寸以体积计算。不扣除构件内钢筋、预埋件及单个尺寸 300mm × 300mm 以内的孔洞所占体积，扣除烟道、垃圾道、通风道的孔洞所占体积	1. 混凝土制作、运输、浇筑、振捣、养护； 2.（水磨石）构件制作、运输； 3. 构件安装；
0104014002	其他构件	1. 构件类型；			

续表

项目编码	项目名称	项目特征	计量单位	工程量计算规则	工程内容
0104014003	水磨石构件	2. 单件体积； 3. 水磨石面层厚度； 4. 安装高度； 5. 混凝土强度等级； 6. 水泥石子浆配合比； 7. 石子品种、规格、颜色； 8. 酸洗、打蜡要求	m^3	按设计图示尺寸以体积计算。不扣除构件内钢筋、预埋件及单个尺寸300mm×300mm以内的孔洞所占体积，扣除烟道、垃圾道、通风道的孔洞所占体积	4. 砂浆制作、运输； 5. 接头灌缝、养护； 6. 酸洗、打蜡

6.1.3 混凝土构筑物工程（表6-1-15）

混凝土构筑物

（编码：0104015）　　表6-1-15

项目编码	项目名称	项目特征	计量单位	工程量计算规则	工程内容
0104015001	贮水（油）池	1. 池类型； 2. 池规格； 3. 混凝土强度等级； 4. 混凝土拌合料要求	m^3	按设计图示尺寸以体积计算。不扣除构件内钢筋、预埋件及单个面积0.3m^2以内的孔洞所占体积	混凝土制作、运输、浇筑、振捣、养护
0104015002	贮仓	1. 类型、高度； 2. 混凝土强度等级； 3. 混凝土拌合料要求			

续表

项目编码	项目名称	项目特征	计量单位	工程量计算规则	工程内容
0104015003	水塔	1. 类型； 2. 支筒高度、水箱容积； 3. 倒圆锥形罐壳厚度、直径； 4. 混凝土强度等级； 5. 混凝土拌合料要求； 6. 砂浆强度等级	m^3	按设计图示尺寸以体积计算。不扣除构件内钢筋、预埋件及单个面积 $0.3m^2$ 以内的孔洞所占体积	1. 混凝土制作、运输、浇筑、振捣、养护； 2. 预制倒圆锥形罐壳、组装、提升、就位； 3. 砂浆制作、运输； 4. 接头灌缝、养护
0104015004	烟囱	1. 高度； 2. 混凝土强度等级； 3. 混凝土拌合料要求			混凝土制作、运输、浇筑、振捣、养护

6.2 混凝土工程定额用工用料参考

混凝土工程工料的一般计算步骤为：①根据图纸，按照工程量计算规则，计算出混凝土的工程量；②查取该混凝土工程相应的人工、材料定额；③工程量分别与定额中的人工工日、材料消耗量相乘，得出总的人工工日和材料消耗量。

为了便于计算出混凝土工程施工需要的人工工日数、材料用量，根据2001年北京市建委编《北京市建设工程预算定额》，对混凝土工程的综合工日和材料用量进行了摘录，以供参考。

（1）现浇混凝土构件——垫层、基础

工作内容（现场搅拌混凝土）：混凝土机械搅拌、水平运输、浇筑、振捣、养护等。

工作内容（预拌混凝土）：浇筑、振捣、养护等。

现浇混凝土垫层、基础工料定额见表6-2-1。

(2) 现浇混凝土构件——柱、梁、板、墙

工作内容（现场搅拌混凝土）：混凝土机械搅拌、水平运输、浇筑、振捣、养护等。

工作内容（预拌混凝土）：浇筑、振捣、养护等。

现浇混凝土柱、梁、板、墙工料定额见表6-2-2。

(3) 现浇混凝土构件——其他项目

工作内容（现场搅拌混凝土）：混凝土机械搅拌、水平运输、浇筑、振捣、养护；后浇带还包括后浇带处的钢筋除锈、调直、网片设置等。

工作内容（预拌混凝土）：浇筑、振捣、养护；后浇带还包括后浇带处的钢筋除锈、调直、网片设置等。

现浇混凝土其他项目工料定额见表6-2-3。

(4) 现浇混凝土构件——构筑物

工作内容（现场搅拌混凝土）：混凝土机械搅拌、水平运输、浇筑、振捣、养护等。

工作内容（预拌混凝土）：浇筑、振捣、养护；

现浇混凝土构筑物工料定额见表6-2-4。

(5) 现场预制混凝土构件制作安装

工作内容（现场搅拌混凝土）：混凝土机械搅拌、半成品水平运输、浇筑、振捣、养护，成品堆放，构件安装含构件翻身、就位、加固安装、校正、垫实、焊接固定等。

工作内容（预拌混凝土）：浇筑、振捣、养护，成品堆放，构件安装含构件翻身、就位、加固安装、校正、垫实、焊接固定等。

现场预制混凝土构件制作安装工料定额见表6-2-5。

现浇混凝土垫层、基础工料定额　单位：$10m^3$　　表 6-2-1

项目		单位	基础垫层		满堂基础		带形基础		独立基础		设备基础	
			C10	C15	C20	C25	C20	C25	C20	C25	$10m^3$以内	$10m^3$以外
人工	现场搅拌混凝土综合工日	工日	8.27	8.27	8.69	8.69	9.47	9.47	10.58	10.58	11.92	10.19
	预拌混凝土综合工日	工日	2.70	2.70	3.12	3.12	3.90	3.90	5.01	5.01	6.35	4.62
材料	C10 混凝土	m^3	10.15									
	C15 混凝土	m^3		10.15								
	C20 混凝土	m^3			10.15		10.15		10.15		10.15	10.15
	C25 混凝土	m^3				10.15		10.15		10.15		

现浇混凝土柱、梁、板、墙工料定额　单位：$10m^3$　表 6-2-2

	项目	单位	柱			板		补板缝		墙		构造柱		芯柱		梁		过梁、圈梁	
			C30	C35	C40	C25	C30	C20	C25	C30	C35	C20	C25	C20	C25	C30	C35	C20	C25
人工	现场搅拌混凝土综合工日	工日	12.43	12.43	12.43	9.04	9.04	20.34	20.34	9.86	9.86	17.88	17.88	18.53	18.53	10.61	10.61	18.56	18.56
	预拌混凝土综合工日	工日	6.86	6.86	6.86	3.47	3.47	14.77	14.77	4.29	4.29	12.31	12.31	12.95	12.96	5.04	5.04	12.99	12.99
材料	C15 混凝土	m^3	—	—	—	—	—	—	—	—	—	—	—	—	—	—	—	—	—
	C20 混凝土	m^3	—	—	—	10.15	—	—	10.15	—	—	9.86	—	9.85	—	10.15	—	—	—
	C25 混凝土	m^3	—	—	—	—	10.15	—	—	—	—	—	9.86	—	9.86	—	10.15	—	—
	C30 混凝土	m^3	9.86	—	—	—	—	10.15	—	9.88	—	—	—	—	—	—	—	10.15	—
	C35 混凝土	m^3	—	9.86	—	—	—	—	—	—	9.88	—	—	—	—	—	—	—	10.15
	C40 混凝土	m^3	—	—	9.86	—	—	—	—	—	—	—	—	—	—	—	—	—	—
	1:2 水泥砂浆	m^3	0.31	0.31	0.31	—	—	—	—	0.28	0.28	0.31	0.31	0.31	0.31	—	—	—	—

现浇混凝土其他项目工料定额　单位：$10m^3$　表 6-2-3

项目		单位	楼梯				阳台		雨罩		看台板	
			直形		弧形（旋转）							
			C25	C30	C25	C30	C25	C30	C25	C30	C30	C35
人工	现场搅拌混凝土综合工日	工日	5.40	5.40	6.25	6.25	18.05	18.05	16.77	16.77	18.80	18.80
	预拌混凝土综合工日	工日	4.03	4.03	4.89	4.89	12.45	12.48	11.20	11.20	13.23	13.23
材料	C15 混凝土	m^3	—	—	—	—	—	—	—	—	—	—
	C20 混凝土	m^3	—	—	—	—	—	—	—	—	10.15	—
	C25 混凝土	m^3	2.44	—	2.44	10.15	10.15	—	10.15	—	—	—
	C30 混凝土	m^3	—	2.44	—	2.44	—	10.15	—	10.15	10.15	—
	C35 混凝土	m^3	—	—	—	—	—	—	—	—	—	10.15
	C40 混凝土	m^3	—	—	—	—	—	—	—	—	—	—
	钢板网	m^2	—	—	—	—	—	—	—	—	—	—
	铁砂	kg	—	—	—	—	—	—	—	—	—	—

续表

项目		单位	栏板		台阶		后浇带					
							基础底板		墙		楼板	
			C20	C25	C15	C20	C35	C40	C35	C40	C35	C40
人工	现场搅拌混凝土综合工日	工日	19.62	19.62	15.90	15.90	16.40	16.40	20.92	20.92	18.16	18.16
	预拌混凝土综合工日	工日	14.05	14.05	10.33	10.33	10.83	10.83	15.35	15.35	12.59	12.59
材料	C15 混凝土	m^3	—	—	10.15	—	—	—	—	—	—	—
	C20 混凝土	m^3	10.15	—	—	10.15	—	—	—	—	—	—
	C25 混凝土	m^3	—	10.15	—	—	—	—	—	—	—	—
	C30 混凝土	m^3	—	—	—	—	—	—	—	—	—	—
	C35 混凝土	m^3	—	—	—	—	10.15	—	10.15	—	10.15	—
	C40 混凝土	m^3	—	—	—	—	—	10.15	—	10.15	—	10.15
	钢板网	m^2	—	—	—	—	42.00	42.00	42.00	42.00	21.00	21.00
	铁砂	kg	—	—	—	—	22.00	22.00	22.00	22.00	22.00	22.00

现浇混凝土构筑物工料定额　单位：$10m^3$　表 6-2-4

项目		单位	混凝土烟囱 高度（m）			水塔塔身支架		水塔	贮仓及漏斗					贮水池			
			75 以下	100 以下	150 以下	筒式	柱式		圆形筒仓壁	矩形立壁	底板	顶板	漏斗	池底	池壁	顶板	壁基梁
人工	现场搅拌混凝土综合工日	工日	15.43	15.06	13.91	16.27	18.23	19.58	16.88	18.47	11.12	12.33	20.69	11.94	14.99	12.97	11.15
	预拌混凝土综合工日	工日	9.86	9.49	8.34	10.70	12.66	14.01	11.31	12.90	5.55	6.67	15.12	6.37	9.42	7.40	5.58
材料	C20 混凝土	m^3	—	—	—	—	—	—	—	10.15	—	—	—	—	—	—	—
	C25 混凝土	m^3	—	—	—	—	—	—	—	—	10.15	10.15	10.15	10.15	10.15	10.15	10.15
	C30 混凝土	m^3	—	—	—	10.20	10.15	10.15	10.20	—	—	—	—	—	—	—	—
	C35 混凝土	m^3	10.20	10.20	10.20	—	—	—	—	—	—	—	—	—	—	—	—
	工业盐(氯化钠)	kg	—	—	4.57	—	—	—	—	—	—	—	—	—	—	—	—
	亚硝酸盐	kg	—	—	91.40	—	—	—	—	—	—	—	—	—	—	—	—
	三元醇铵	kg	—	—	6.11	—	—	—	—	—	—	—	—	—	—	—	—
	偏氯乙烯	kg	—	—	45.70	—	—	—	—	—	—	—	—	—	—	—	—
	纯胶管	m	1.19	1.20	1.20	—	—	—	3.48	—	—	—	—	—	—	—	—

现场预制混凝土构件制作安装工料定额　单位：$10m^3$　表 6-2-5

项目		单位	柱		梁		板		屋架		小型构件	
			C30	C35	C30	C35	C25	C30	C30	C35	C20	C25
人工	现场搅拌混凝土综合工日	工日	22.91	22.91	21.51	21.51	29.22	29.22	22.70	22.70	49.05	49.05
	预拌混凝土综合工日	工日	17.34	17.34	15.94	15.94	23.65	23.65	17.13	17.13	43.48	43.48
材料	C20 混凝土	m^3	—	—	—	—	—	—	—	—	10.15	—
	C25 混凝土	m^3	—	—	—	—	10.15	—	—	—	—	10.15
	C30 混凝土	m^3	10.15	—	10.15	—	—	10.15	10.15	—	—	—
	C35 混凝土	m^3	—	10.15	—	10.15	—	—	—	10.15	—	—
	板方材	m^3	0.02	0.02	—	—	—	—	—	—	—	—
	电焊条（综合）	kg	76.5	76.5	18.39	18.39	—	—	21.54	21.54	7.63	7.63
	1∶3 水泥砂浆	m^3	—	—	—	—	0.14	0.14	—	—	0.07	0.07
	垫铁	kg	0.79	0.79	3.20	3.20	—	—	3.73	3.73	10.04	10.04

（6）预制混凝土构件接头灌缝

工作内容（现场搅拌混凝土）：清理基层、搅拌、水平运输、浇筑、捣固、养护等。

预制混凝土构件接头灌缝工料定额见表6-2-6。

预制混凝土构件接头灌缝

单位：$10m^3$　　　　**表6-2-6**

项目		单位	预制混凝土接头灌缝				
			圆孔板	柱	梁	板	其他构件
人工	现场搅拌混凝土综合工日	工日	2.79	1.86	3.78	2.58	6.46
材料	豆石混凝土C30	m^3	—	0.52	1.62	—	—
	C25豆石混凝土	m^3	—	—	—	1.19	0.87
	碎砖	m^3	0.23	—	—	—	—
	木模板	m^3	—	—	0.016	0.18	0.07
	镀锌钢丝8～12号	kg	—	—	—	12.09	9.87

附　　录

附录1　水、砂、石质量标准

混凝土拌合水质量标准（mg/L）　　附表1-1

项　　目	标　　准		
	预应力混凝土	钢筋混凝土	素混凝土
pH值	>4	>4	>4
不溶物含量	<2000	<2000	<5000
可溶物含量	<2000	<5000	<10000
氯离子（以Cl^-计）	<500	<1200	<3500
硫化物（以SO_4^{2-}计）	<600	<2700	<2700
硫化物（以S^{2-}计）	<100		

注：用于钢丝或经热处理钢筋的预应力混凝土中，氯化物含量不得超过500mg/L。

砂颗粒级配　　　附表 1-2

筛孔尺寸（mm）	级配区		
	1 区	2 区	3 区
	累计筛余（%）		
10.00	0	0	0
5.00	10～0	10～0	10～0
2.50	35～5	25～0	15～0
1.25	65～35	50～10	25～0
0.63	85～71	70～41	40～16
0.315	95～80	92～80	85～55
0.16	100～90	100～90	100～90

碎（卵）石颗粒级配

附表 1-3

级配情况	公称粒级（mm）	累计筛余，按质量计（%）											
		筛孔尺寸（圆孔筛）（mm）											
		2.5	5.0	10.0	18.0	20.0	25.0	31.5	40.0	50.0	63.0	80.0	100.0
连续粒级	5~10	95~100	80~100	0~15	0	—	—	—	—	—	—	—	—
	5~16	95~100	90~100	30~60	0~10	0	—	—	—	—	—	—	—
	5~20	95~100	90~100	40~70	—	0~10	0	—	—	—	—	—	—
	5~25	95~100	90~100	—	30~70	—	0~5	0	—	—	—	—	—
	5~31.5	95~100	90~100	70~90	—	15~45	—	0~5	0	—	—	—	—
	5~40	—	95~100	75~90	—	30~65	—	—	0~5	0	—	—	—
单粒级	10~20	—	90~100	85~100	—	0~15	0	—	—	—	—	—	—
	16~31.5	—	90~100	—	85~100	—	—	0~10	0	—	—	—	—
	20~40	—	—	95~100	—	80~100	—	—	0~10	0	—	—	—
	31.5~63	—	—	—	95~100	—	—	75~100	45~75	—	0~10	0	—
	40~80	—	—	—	—	95~100	—	—	70~100	—	30~60	0~10	0

注：公称粒级的上限为该粒级的最大粒径。

附录 2　混凝土外加剂常用掺量参考表

常用缓凝剂的种类及掺量　附表 2-1

品　　种	掺量（占水泥用量的%）	水泥初凝时间延长（h）
木质素磺酸钙和木质素磺酸钠	0.25	3～5
亚硫酸盐纸浆废液	0.2	2～3
NNO(亚甲基二萘磺酸钠)	1	3
糖蜜	0.2～0.3	2～4
甲基硅酸钠	1～3	4～6
柠檬酸	0.05～0.1	2～4
磷酸	0.1～1	1～1.5
磷酸钠	0.5～1	1～1.5

常用抗冻剂掺量　附表 2-2

品　　种	掺量（占水泥用量的%）
松香热聚合物加气剂	0.005～0.015
松香酸钠	0.01～0.05

常用减水剂的种类及掺量　　附表 2-3

种　类	主要原料	掺量（占水泥用量的%）	减水率（%）	提高强度（%）	增加坍落度（cm）	节约水泥（%）
木质素磺酸盐	纸浆废液	0.2～0.3	10～5	10～20	10～20	10～15
MF 减水剂	聚次甲基萘硫酸钠	0.3～0.7	10～30	10～30	2～3 倍	10～15
N 系减水剂	工业萘	0.5～0.8	10～17	10	—	8～12
NNO 减水剂	亚甲基二萘硫酸钠	0.5～0.8	10～25	20～25	2～3 倍	10～20
NF 减水剂	精萘	1.5	20	—	—	5～25
UNF 减水剂	油萘	0.5～1.5	1～20	15～30	10～15	10～15
FDN 减水剂	工业萘	0.5～0.7	16～25	20～50		20
JN 减水剂	萘残油	0.5	15～27	30～50	8～11	10～17
SN-Ⅱ减水剂	萘	0.5～0.1	14～25	15～40	15～20	15～20
磺化焦油减水剂	煤焦油	0.5～0.7	10	35～37	—	5～10

续表

种　类	主要原料	掺量（占水泥用量的%）	减水率（%）	提高强度（%）	增加坍落度（cm）	节约水泥（%）
糖蜜减水剂	废蜜	0.2~0.3	7~11	10~20	4~6	5~10
AU 减水剂	蒽油	0.5~0.7	15~20	10~36	—	10~15
HM 减水剂	纸浆废液	0.2	5~10	>10	—	5~8
SM 减水剂	蜜胺树脂	0.2~0.5	10~27	30~50	—	
建 1 减水剂	萘磺酸盐	0.5~0.7	10~30	—	—	10~25

参考文献

[1] 杨嗣信，余志成，侯君伟. 混凝土工程现场施工实用手册[M]. 北京：人民交通出版社，2006.

[2] 牛建军，邱玮. 混凝土工长便携手册[M]. 北京：机械工业出版社，2005.

[3] 朱国梁，顾雪龙. 简明混凝土工程施工手册[M]. 北京：中国环境科学出版社，2003.

[4] 王华生，赵慧如. 混凝土工程便携手册[M]. 北京：机械工业出版社，2005.

[5] 俞宾辉. 建筑混凝土工程施工手册[M]. 济南：山东科学技术出版社，2004.

[6] 杨嗣信. 建筑业重点推广新技术应用手册[M]. 北京：中国建筑工业出版社，2003.

[7] 曹文达，于明. 混凝土工[M]. 北京：金盾出版社，2006.

[8] 北京土木建筑学会. 建筑工人实用技术便携手册-混凝土工[M]. 北京：中国计划出版社，2006.

[9] 闫立红. 实用建筑、结构、设备、电气施工图集[M]. 北京：中国电力出版社，2006.

[10] 毛家华，莫章金. 建筑工程制图与识图[M]. 北京：高等教育出版社，2004.

[11] 刘谊才. 新编建筑识图与构造[M]. 合肥：安徽科学技术出版社，2005.

[12] 手册编写组. 建筑施工手册(缩印本)(第4版).

北京：中国建筑工业出版社，2002.
[13] 彭圣浩. 建筑工程质量通病防治手册[M]. 北京：中国建筑工业出版社，1984.
[14] 中华人民共和国建设部. 中华人民共和国行业标准普通混凝土配合比设计规程(JGJ 55—2000、J64—2000) [S]. 北京：中国建筑工业出版社，2000.
[15] 中华人民共和国建设部. 中华人民共和国国家标准混凝土结构工程施工质量验收规范(GB-50204—2002)[S]. 北京：中国建筑工业出版社，2002.
[16] 中华人民共和国建设部. 中华人民共和国行业标准混凝土泵送技术规程(JGJ/T 10—1995)[S]. 北京：中国建筑工业出版社，1995.
[17] 中华人民共和国建设部. 中华人民共和国行业标准建筑工程冬期施工规程(JGJ 104—97)[S]. 北京：中国建筑工业出版社，1995.
[18] 中华人民共和国建设部. 中华人民共和国国家标准混凝土强度检验评定标准(GBJ 107—87)[S]. 北京：中国计划出版社，1987.
[19] 中华人民共和国建设部. 中华人民共和国国家标准混凝土质量控制标准(GBJ 50164—92)[S]. 北京：中国建筑工业出版社，1992.
[20] 中华人民共和国建设部. 建设工程工程量清单计价规范(GB 50500—2003). 北京：中国计划出版社，2003.
[21] 北京市建设委员会. 北京市建设工程预算定额(2001) [S].